天子之居

明朝皇帝与北京紫禁城

郑云鹏 著

北京出版集团
北京出版社

图书在版编目（CIP）数据

天子之居：明朝皇帝与北京紫禁城 / 郑云鹏著. —— 北京：北京出版社，2025.9. —— ISBN 978-7-200-18997-1

Ⅰ. K827=48

中国国家版本馆CIP数据核字第2024DR6905号

责任编辑：董拯民　白　雪
责任营销：猫　娘
责任印制：燕雨萌
装帧设计：白　雪

天子之居
明朝皇帝与北京紫禁城
TIANZI ZHI JU

郑云鹏　著

出　　版：	北京出版集团
	北京出版社
地　　址：	北京北三环中路6号
邮　　编：	100120
网　　址：	www.bph.com.cn
发　　行：	北京伦洋图书出版有限公司
印　　刷：	北京虎彩文化传播有限公司
开　　本：	889毫米×1194毫米　1/32
印　　张：	8
字　　数：	134千字
版　　次：	2025年9月第1版
印　　次：	2025年9月第1次印刷
书　　号：	ISBN 978-7-200-18997-1
定　　价：	60.00元

如有印装质量问题，由本社负责调换
质量监督电话：010-58572393

目 录

第一章　明成祖朱棣……………002

第二章　明仁宗朱高炽…………020

第三章　明宣宗朱瞻基…………030

第四章　明英宗朱祁镇…………051

第五章　明代宗朱祁钰…………076

第六章　明宪宗朱见深…………091

第七章　明孝宗朱祐樘…………118

第八章　明武宗朱厚照…………132

第九章　明世宗朱厚熜…………151

第十章　明穆宗朱载垕…………173

第十一章　明神宗朱翊钧………182

第十二章　明光宗朱常洛………202

第十三章　明熹宗朱由校………211

第十四章　明思宗朱由检………229

参考书目……………………………248

明清两朝历时五百四十三年，是中华帝制时代最后两个王朝。作为长寿的大一统王朝，明清两朝的政治、经济、文化等都给今天的中国以深远影响。

故宫作为明清帝国的皇宫，至今依然保存完整，是世界上最大的一座皇宫。故宫是明清帝王的居所，帝制时代，造神运动深入人心，皇帝在普通民众心目中，是神一般的存在，被称作"真龙天子"。但是，除却炫目的光环，这些"天之骄子"也是肉身凡胎，他们也需要吃喝拉撒睡，也有正常人的心理需求。在故宫这个方寸之地，他们起居、娱乐、处理朝政、召见臣工、宠幸嫔妃……这里是"龙之居所"，作为故宫的主人，明朝十四位皇帝在这里上演了一幕幕历史活剧。

现在就让我们拨开历史的云雾，看看这十四位故宫主人在这座"帝国心脏之处"发生的传奇故事吧。

第一章 明成祖朱棣

——开创盛世、彪炳史册

朱棣，属鼠，年号永乐，庙号初为太宗，1538年，明世宗朱厚熜将其庙号改为成祖。他在位二十二年，生于1360年，卒于1424年，享年六十五岁。他是中国帝制史上一位建立了丰功伟绩的伟大帝王，其在中国历史上的功绩，相比秦皇汉武、唐宗宋祖毫不逊色。他是明太祖朱元璋第四子，初封在北平，为燕王。富有军事才能的他不甘于做一隅藩王，起兵靖难，以一隅对天下，最终神奇般地从侄子朱允炆手中夺取了江山。改年号为永乐的他，致力于洗刷自己身上的篡位之名，他励精图治，力求开拓一代盛世。他

第一章 明成祖朱棣

在位期间多有兴革,五征漠北、三征安南,武功赫赫;文治方面,朱棣设立内阁、改革政治体制,同时召集三千文士编纂《永乐大典》;外交方面,他派遣郑和六下西洋,发展与东南亚各国经贸关系,实现了世界海洋史上的一大创举。同时,朱棣还设立奴儿干都司,有效加强了对东北边疆的管理;疏通运河,加强了南北方的沟通联系;迁都北京更是影响深远,一举奠定了明清五百年的政治地理格局。

明成祖朱棣

在位二十二年之后，朱棣病逝于第五次亲征漠北蒙古的归途中，最终榆木川成了英雄魂归之处。

朱棣的一生可谓轰轰烈烈，短短的二十二年就做成了好几项浩大工程，完成了很多帝王一生都不能完成的功业。但是，对他而言，帝业并不完美，尽管他竭尽全力，却最终难以掩盖世人悠悠之口，一生难逃一个"篡"字，对建文忠臣的屠杀让后人非议；而内迁大宁，某种程度上也为北疆留下了隐忧。山东唐赛儿起事，说明帝国的内部并非铁板一块，流民和贪腐问题初步呈现，帝国的道路任重而道远，只能留待后人解决。

迁都北京、营造故宫

永乐元年（1403）[*]正月，南京皇宫奉天殿内。面对着殿内外跪倒一片、山呼万岁的群臣们，坐在龙椅上的朱棣感慨万千：一年之前，自己还仅仅占据三座城池，面对建文帝朱允炆的百万大军，一筹莫展。若不是与对建文帝不满的宦官暗通款曲，自己能否快速绕道南下，攻陷南京都是一个问题。

燕军进入南京金川门后，发现建文帝不知所终，朱棣只能对外宣称侄子已经自焚而亡。即位后，朝中忠于建文帝的大臣们誓死不从朱棣，殉国者前赴后继，乃至樵夫走卒都有殉葬于建文朝廷的。以方孝孺为首的建文忠臣更是让朱棣颇为头疼。虽然他举起屠刀，大肆杀戮，可是毕竟难掩"篡位"事实。经过一番大肆杀戮之后，建文忠臣所剩无几，但是朱允炆毕竟流亡在外，加之他是父皇朱元璋钦定的正牌继承人，皇位来得正大光明。建文朝廷在南京的四年之中，也有深厚影响力。朱棣看着那些跪伏在地的朝臣，他们虽然表面上看起来战战兢兢，但是朱棣还是隐约能感觉到某些朝臣无意中流露出来的怨恨眼神，坐在皇位之上的他仿佛坐在了一座随时可能爆发的火山口上。

朱棣思念北平，那是他从少年时代就藩之所，他离不开金戈铁马，仿佛他的一生就是为战争而生。只有战争才能让他忘却内心深处的痛苦和担忧。南京这座帝都，于朱棣而言，充满了深深的敌意，让他浑身不适。

朱棣的思绪被一个声音打断了："自古帝王，或者以布衣或以藩王起事，平定天下后，对龙兴之地都有所升崇。皇上承运于北平布政司，应该遵循太祖高皇帝建立中都凤阳之意，立为京都。"朱棣抬眼一看，说话者正是礼部尚书李至刚[①]，此人才思敏捷，做事干练，更兼得善于逢迎。李至刚的这番话正合朱棣之意，朱棣当即应准。

朱棣的理想不止升崇"龙兴之地"这样简单，他要将北平打造为新的帝国政治中心，乃至天下之中心！

朱棣的性格是想到就要办到。永乐元年（1403）开始，朱棣陆续发配罪犯到北京开垦荒地，同时迁徙南直隶等地富户充实北京。大运河的浚通，保障了南粮北运。这一切都为朱棣的迁都做好了坚实的准备。同年二月，他下旨设立北京留守行后军都督府、北京行六部，并将北平府升为顺天府。永乐四年（1406），朱棣颁布了营造北京宫殿的诏令。这期间，明帝国同时还有两项浩大工程正在同步推进：永乐四年，几十万大军正在与安南人苦战；永乐五年徐皇后病逝后，

---

① 李至刚，名钢，以字行，松江华亭人。洪武年间被选侍太子朱标，建文年间，其因罪下狱。朱棣称帝后，其被任命为右通政，因参与纂修《明太祖实录》，升为礼部尚书。其人品较差，多次因罪下狱，还弹劾老友解缙，逐渐失去了朱棣的信任。宣德元年（1426），李至刚死于任上。

天寿山的长陵开始营建，有人认为这也标志着朱棣迁都北京的决心，因为帝后陵寝都安排在了北方，后世子孙还有勇气还都南京吗？

从永乐四年开始，营建北京的工程断断续续，直到永乐十五年（1417），终于在原燕王府基础上建成了西宫。朱棣以举国之力营建北京，集中了全国范围内工匠十多万人，营建大军中还包括了各地卫所军人和监狱里的罪犯。在湖、广、川、贵等地采集的楠杉大木珍贵无比，各种木石砖瓦材料，直到万历年间还在使用，足可见营建材料之丰富。

皇宫和都城的营建，开始于永乐十五年，得益于前期充足的准备，只用了三年工夫，上万间的宫殿就已经落成。永乐十八年（1420），以奉天殿、华盖殿、谨身殿三大殿为主体的皇宫基本完工。

全国石木材料的采集之艰苦令人惊叹，建成之后皇宫之壮丽辉煌同样令人感叹。紫禁城占地七十二万平方米，建筑面积十七万平方米，房屋建筑面积十五点五万平方米。

在当时的世界上，如此规模宏大的宫殿已经是罕有其匹。

天子之居

永乐十四年（1416），朱棣向天下宣布了迁都北京的计划。当时群臣一片附和之声。但是到了永乐十八年（1420），北京的宫殿建造完成之后，朱棣正式颁诏决定迁都时，河南布政使周文褒、王文振和出身江南的一些朝廷大员却提出了反对迁都的声音。

由于经济文化原因，朝廷中的官员大部分出身于江南，要他们远离温暖富庶的江南，北上萧瑟苦寒之地，他们是发自内心地反对，很多人不敢明言，只有少部分人敢于上疏直言，表示明确反对。当然，也有部分反对者是出于对国家总体政治经济形势的考虑，并非完全囿于乡土观念，毕竟北京远离江南经济中心，以南京为都省去了巨额供给运输费用。

其实，明太祖朱元璋当初定都南京，就有过几次波折和犹豫。北方蒙古残余实力依然强大，对明朝北疆造成了严重威胁。南京远离北方前线，对付蒙古人，确有鞭长莫及之感。有人提出以大都或者汴梁为都，都被朱元璋否定，他比较中意的是关中地区。洪武二十四年（1391），太子朱标奉命前往西安巡察，就有勘察新都之意。朱标的意外病亡使得迁都之事中止。

第一章　明成祖朱棣

对于朱棣来说，迁都北京势在必行。首先，北京是朱棣的燕王藩邸所在，从十岁受封燕王到四十二岁夺取帝位，朱棣一直在这里守卫奋斗了几十年。这里是他的权力基础，也是"龙兴之地"，对北京，朱棣有着难以割裂的深厚感情。

其次，同为雄才大略的皇帝，朱棣跟父皇朱元璋的考虑相似，甚至更进一步。南京对于北疆前线而言，位置毕竟太靠南了。而北京靠近与蒙古人作战的前线，朱棣迁都北京，正是要形成"天子守边"的态势，时时刻刻使得后世子孙处于风口浪尖之上，不敢有丝毫懈怠，整个明帝国时刻准备动员一切力量抵御蒙古残余势力的反扑。

再次，不可忽视的是朱棣的心理因素。对于南京，朱棣有种天然的排斥感。这里是父皇朱元璋和侄子朱允炆登基坐殿之地，对于自己的皇位如何得来，朱棣心知肚明。每每想到百年之后，自己的帝陵就在孝陵之侧，九泉之下自己该如何去面对自己的父皇？朱棣心乱如麻，毕竟篡位的负罪感时时刻刻伴随他左右。此外，南京有着同情朱允炆的势力，远离这个是非之地，开创新的功业，也是朱棣迁都的重要因素之一。

最后，很多人认为朱棣迁都最重要的因素就是抵御北方蒙古入侵。如果是这样认为，还真小瞧了他。朱棣自己就说过那些反对迁都者："他们都是书生，根本不知道我的英雄之略。"那什么是朱棣的英雄之略呢？

"控四夷以制天下"，这正是朱棣为之奋斗一生的目标。藩邸所在的北京，正是元朝忽必烈和他的子孙君临天下之地。朱棣从少年时代耳濡目染，他羡慕元朝恢宏的帝业，他向往建立一个如大元帝国般举世无双的超级帝国。朱棣一生北征蒙古、南讨安南、通使西洋，就是为了控制这些地区，使得万方臣服于他，如此胸襟气魄，才是朱棣的英雄之略！

永乐十九年（1421）正月初一，明朝在北京举行了隆重的新都城落成典礼。在完成了一系列隆重的典礼后，朱棣在新建成的奉天殿，接受了朝臣和外国使者的朝贺，朝廷上下一片安然祥和，朱棣也在为迁都北京的最终完成扬扬自得。可是三个月之后，皇宫的一场大火却引发了一场君臣冲突和矛盾，这也是朱棣始料未及的。

第一章 明成祖朱棣

奉天殿

三大殿火灾引发的迁都争论

永乐十九年四月初八日,北京风雨大作,上天仿佛要把积蓄已久的愤怒一股脑爆发出来。突然天空中"咔嚓"一声闷雷,正好击中了皇宫奉天殿屋顶正脊,瞬时一团火光腾空而起。风雨中,火借风威,风助火势。眼看着火越来越大,宫中已经乱作一团,宫女、太监、侍卫纷纷跑来救火,可是火势太大,蔓延起来的大火延续了几天,雷火无情地烧毁了奉天殿、华盖殿、谨身殿三大殿。

听闻信息的永乐大帝朱棣犹如挨了一记重拳,颓坐在了龙椅上。在讲究天人感应的古代,人们相信如果帝王有失德之处，上天才会降下诸如地震、洪水、干旱、雷火等灾异之兆。体现在政治上，皇帝一般要下诏"求直言"，也就是要求臣下根据当朝皇帝当政的缺失，实事求是地提出批评意见，以便于改进。这次三大殿全部被毁，对朱棣的打击是巨大的，他举全国之力营建北京的宫殿，现在一场雷火把皇宫最重要的建筑毁于一旦，是不是上天真的认为朕做错了什么？怀着这样的担心和疑问，朱棣下诏群臣上疏直言。

面对皇帝要求大臣们直言不讳的诏书，那些对迁都心怀不满的官员觉得这是一个千载难逢的好时机，他们早就对耗费举国之力迁都北京不满，正好借此劝谏皇帝改变迁都想法。

上疏的官员中，尤以吏部主事萧仪的言辞最为激烈直白。他把朱棣迁都北京说成是皇上听信了小人谗言，违背了天意，所以上天示警。最好的弥补办法就是朱棣在奉天门接受群臣的批评，然后还都南京。

朱棣在一些大臣的煽风点火下，勃然大怒，下诏以诽谤罪诛杀了萧仪。萧仪的主张从根本上否定了朱棣的迁都之略，触碰了他的底线，朱棣一怒之下将其诛杀，就是要杀鸡儆猴，防止有更多的人借此升级反对迁都之议。

萧仪的被杀果然给予群臣极大震慑，上疏反对迁都的言官们不敢再直言朱棣过失，他们掉转矛头，由迁都之议改为弹劾当权重臣，说他们的工作失误导致了恶劣后果。朱棣对朝臣们的攻击失去了耐心，他下旨令大臣和言官们一起跪在午门之外，争论迁都的利弊。

去过故宫游玩的朋友都知道，从天安门进入故宫，要经过午门前面的宽阔广场，这里被三面高大的城墙所包围。影视剧或者小说中，我们经常听到、看到一句话："推出午门斩首！"其实，明、清两代都是在闹市杀人，午门还真没有斩首犯人的先例。这一次，朱棣别出心裁，让大臣们跪在午门坚硬的石板地上开始对骂。

千古罕见的一幕出现了，言官们和大臣们分两排分别跪在了午门外的空地上，开始相互指责。言官们指责大臣们不能劝谏皇帝迁都，以至于导致了天灾人祸。而大臣们责骂言官们是白面书生，根本不懂得国家大计。风雨交加，还要忍饥挨饿对骂，这对双方的体力可是严峻的考验。

眼看辩论双方都成了"落汤鸡",朱棣派人问询争辩结果。老臣夏原吉实在看不下去,他主动承担了责任,对朱棣说:"那些大臣是按照皇帝旨意办事,并没有什么罪过,只是我们这些大臣工作不好,不能帮助皇帝完成大计,责任都在我等。"

朱棣听了这话,才消了气,下令让辩论的大臣们回家休息。这场风波总算平息了,通过此事,大臣们见识到了朱棣迁都北京的决心,同时朱棣也听从了一些大臣的建议,减免了百姓的负担,给予天下一定的休养生息和喘息之机。

一代雄主朱棣在雄功伟业之外,也有着凡人的一面,他在政务之余,在宫廷之内也有娱乐活动。

朱棣的宫廷娱乐活动

帝位是从侄子手上篡夺而来,朱棣深刻清楚这一点,他以历史上有同样经历的唐太宗李世民为榜样,励精图治,一心要用不世之功洗刷篡位之恶名。

应该说,朱棣的帝王生涯是繁忙的。他是明代除了太祖朱元璋之外,最勤政的皇帝。与他的父皇朱元

第一章　明成祖朱棣

璋一样，朱棣也是一位马上天子，在位期间有许多次生日都是在征伐蒙古的途中度过的。仅有的闲暇时光，朱棣经常翻阅书籍，甚至《易经》这样的艰涩书籍，他也读得津津有味。除了翻检与统治相关的儒家经典，朱棣也欣赏书画，在这些雅趣之外，朱棣最热衷的还是射柳游戏。

端午节射柳是明宫中的重要习俗和娱乐活动。这种活动盛行于辽金元时期，具体来说分为两种：一种是将柳条去青一尺，插入土中五寸，各用手把，系于柳上，标上记号，然后一人骑马前导，射者引弓随之，开弓射断柳条白标者，击锣鼓为胜。

另一种是将鹁鸽藏在葫芦中，悬挂柳枝上，弯弓射之，射中葫芦，鸽即飞出，以鸽子飞得高者为胜。

洪武年间，朱元璋就曾在龙光山观看武臣射柳，并赏赐射中者。到了永乐时代，马上天子朱棣对此习俗的喜爱依然执着。

永乐十一年（1413）五月端午节，朱棣来到北京东苑观看击球射柳比赛。这一天，晴空万里，十分适合室外比赛。击球官被分为两朋，左朋由驸马都尉袁容率领，右朋由驸马都尉陈懋统领。皇太孙朱瞻基和诸王大臣依次下场击射。

皇太孙朱瞻基身手十分了得，一下场便连连射柳中的，并击球连中，博得场下围观的群臣、外国使者和百姓们一片欢呼喝彩之声。

比赛结束后，朱棣出了上联让皇太孙来对："万方玉帛风云会。"朱棣一向十分喜爱这个皇孙，对爱孙的文武全才十分满意。今日就是要当着众人之面，给爱孙一个表现才能的机会。

朱瞻基不假思索，叩头回了下联："一统山河日月明。"对仗工整，颇有帝王气势，朱棣十分满意地点了点头，他心中暗自为自己的选择庆幸。当初选择自己不中意的儿子朱高炽为太子，就是为了孙子朱瞻基有一日能接过大统。这个爱孙有着太多与自己相像的地方，因此，朱棣也有意在各方面着重培养朱瞻基。

除了热衷于射柳活动之外，朱棣还喜欢诗词。翰林院的才子们迎合君王之好，对盛世歌功颂德，兴起了一种独特的文体——台阁体。

朱棣迁都北京后，由于三大殿的烧毁，一时间没有国力再来修建，只好以奉天门为常朝之所。朱棣在北京皇宫的时间并不多，就是在这不多的宫廷生活中，还是出人意料地发生了一起未遂的政变，险些将紫禁城变成了朱棣的葬身之处。

北京皇宫的未遂政变

永乐二十一年（1423）五月的一个深夜，万籁无声。密室内的昏暗烛光下，两个人影在依稀晃动。这两人是钦天监官王射成和常山中护卫指挥孟贤。只见王射成压低了声音对孟贤说："我夜观天象，皇上不久于人世，很快就要更换天子了。我等要抓紧拥立赵王了。"

他们口中所说的赵王，就是朱棣三子朱高燧。之前朱棣对太子朱高炽有诸多不满，还几次打算废掉他，另立自己喜欢的二儿子朱高煦为太子。多亏太子朱高炽表现优异，无可指摘，加上一班朝臣的极力劝谏，太子才得以保全储君之位。

但是，树欲静而风不止，太子最大的对手朱高煦虽然在朱棣的震慑下，不敢有所行动。一向不显山露水的朱高燧及其党羽却打算改天换地，谋朝篡位。

永乐二十年（1422）之后，已经年逾花甲的朱棣身体一天不如一天，已经到了不能上朝的地步。在这种情况下，赵王党羽孟贤联合彭旭等一些下层军官，加上宦官王俨、江保等人，制造舆论，声称皇上中意于赵王朱高燧。同时，政变骨干分子积极筹划随时发动政变，他们打算联合宫中亲贵内臣，给朱棣进献毒药，毒杀皇上后，劫持内府兵符调兵，控制文武重臣，然后伪造遗诏，废掉皇太子，拥立赵王为皇帝。这番计划不可谓不周密，但是操作起来却是困难重重。首先，毒死朱棣就不容易。皇帝生病用药都是由精通医药的太医院御医和宦官们一起负责，这些人不被控制，谈何进献毒药？

即使给皇帝煎熬好的药，也是一式三份，负责开药的御医和经手的宦官们喝过没事后，才能给皇帝服用。如此严密的宫廷用药制度，外人下毒的机会少之又少。

即使退一万步讲，能毒杀朱棣，盗取兵符调兵和篡改遗诏仍然是近乎天方夜谭。

最重要的是，赵王的党羽只是中下级军官，他们不具备控制军队的能力，没有军队支持的政变自然就会胎死腹中。

第一章　明成祖朱棣

何况，在这番严密计划之中还出现了一个天大的漏洞——赵王护卫王瑜无意间从舅舅高正那里得知了政变的阴谋，他向朱棣密告了此事。

朱棣大怒，将政变分子一网打尽，并且召集了皇太子、文武重臣到了皇宫右顺门，亲自审问政变首要分子。

朱棣厉声呵斥朱高燧："是不是你干的?!"赵王早已吓得哆嗦成了一团，一句话也说不出。还是皇太子朱高炽为他解围道："高燧必然没有参与此事，是他手下所为。"

多亏了太子的极力营救，朱高燧得以逃过一劫。政变之事虽然没有明显的证据显示是朱高燧指使，但是他毕竟难以逃脱干系。如果不是朱高炽的宽宏大度，事情很难想象如何收场。

不管幕后真相如何，此事对朱棣的震动是巨大的。不过也是经过此事之后，朱高炽的太子之位更加牢固。不久之后，一代霸主朱棣病逝在榆木川，朱高炽终于登上帝位，结束了战战兢兢的太子生涯，正式成为紫禁城第二位主人。

第二章　明仁宗朱高炽

——宽厚仁慈、守成令主

朱高炽，属马，庙号仁宗，年号洪熙，在位十个月，生于1378年，卒于1425年。享寿四十七岁。朱高炽是朱棣长子，母亲是徐皇后。朱高炽自幼接受正统儒家教育，性格端重沉稳，宽厚仁慈，日常以读书为乐。少年时代，朱高炽体恤士卒而体现出来的仁爱精神和饱读诗书而散发出来的儒雅气质深得皇祖父朱元璋的赞赏。洪武二十八年（1395）朱高炽被立为燕王朱棣世子，这时的朱高炽刚刚十七岁。在靖难之役中，朱高炽留守北平，保证了燕军大后方的稳定。朱棣登基后，并不喜欢这个仁柔的书生儿子，而是更喜

第二章 明仁宗朱高炽

欢各方面类似自己的次子朱高煦,并一度产生过更换太子的想法。太子朱高炽在文臣们的力保之下,得以保全储君之位。经过漫长的监国岁月,朱高炽登上了皇位。登基之后的他改年号为洪熙,并且针对父皇的很多措施实行了改制。朱高炽赦免建文遗臣和他们的家属,平反了一系列冤假错案,此举深得人心。他改组内阁,成员不仅官居一品,还兼任六部尚书或侍

明仁宗朱高炽

郎，内阁参与决策的权力得到了大大提升；他减免赋税，体恤百姓，爱民如子；他停止了父皇在位期间的下西洋工程，给予百姓休养生息的机会。在朱高炽主张的上述政策影响下，大明王朝进入"仁宣之治"的新时代。朱高炽虽然在位时间不足一年，但是他礼遇文官士大夫群体，体恤民情，是明代统治由武入文的关键性人物，从这个角度来看，他能得到后世的好评也就不足为奇了。

在天安门举办登基典礼的第一人

明仁宗朱高炽虽然在位短暂，鲜为人知的是，他是第一位在天安门（明朝时称承天门）城楼上举行登基大典的皇帝，从这个角度来说，他是紫禁城具有开创意义的新主人。

明朝皇帝的登基仪式烦琐而隆重。先由宦官二十四衙门中的司设监摆放御座在奉天门，钦天监设置时鼓，教坊司准备韶乐。

登基吉日这天，京城官民已经从老皇帝朱棣病逝的沉痛气氛中走出。大家翘首以待，盼望目睹这位传闻中的仁义太子的登基大典。这一天，礼部官员先到

第二章　明仁宗朱高炽

天坛、先农坛、太庙等地祭告天地祖先，登基时辰一到，朱高炽身着明黄色衮服，在一片钟鼓声中，登上承天门，登基仪式正式开始。这时候等候在承天门前的朝臣们，在鸿胪寺官员引导下，经过金水桥进入紫禁城。

明仁宗从承天门城楼下来后，在奉天门内露天端坐（因为三大殿已经焚毁，尚未修复，理应在奉天殿举行的登基大典，只好从简，露天举办）。各级官员按照品级高低依次来到御座前，跪贺新天子登基。

端坐在御座之上的朱高炽深深呼出了一口气，是啊，这气已经战战兢兢忍了二十年了，太子之位几次险些被父皇废掉，如今苦尽甘来，自己终于当家做主，成为这恢宏紫禁城的主人，更是这偌大的大明帝国的主人！新官上任三把火，新帝登基更要改天换地。朱高炽是这样想的，也是如此做的。

仁宗登基三把火，尽反朱棣之政

朱高炽在长期的压抑之后，登上了皇帝宝座，针对父皇的大政方针，他首先从永乐时期国家各项大工程给百姓造成的沉重负担入手，下旨减免永乐年间全国拖欠的大部分征收物品，下旨停止对苏杭、江南等地的奢侈品制造和买办活动。这些措施极大减轻了百姓的负担。

仁宗朱高炽登基后的另一项重要改革内容是停止了永乐年间声势浩大的下西洋活动。下西洋虽然极大地扩展了大明王朝在海外诸国的影响，但是耗费也是惊人的，出于各方利益的考虑，文官集团极力反对继续支持郑和下西洋。于是，朱高炽下诏停止了这项在中国古代外交史上具有重大意义的活动。

朱棣的皇位是从侄子朱允炆手中篡夺而来，他进入南京登基后，在对建文忠臣的大肆杀戮的同时，也招致了天下悠悠的口舌和非议。面对这一历史事实，朱高炽登基后客观公正地承认了建文一朝的合法地位，并且将建文忠臣的亲属们释放回家。

可以说，这些措施都是反朱棣在位期间之所为，具有革故鼎新的意味。应该说朱高炽的治国理念与朱棣还是有差别的，他从内心更加崇尚儒家的仁政思想，作为一个守成君主来说，朱高炽也是成功的。当然，朱高炽提出的一项决议是朱棣生前万万不会同意的，那就是——还都南京！

第二章　明仁宗朱高炽

南京再次与大明都城失之交臂

永乐二十二年（1424）七月，朱高炽登基后不久，刚刚官复原职的户部尚书夏原吉就上疏洪熙皇帝："现在江南物力困于漕运，请还都南京，以便于节省巨额供给之费用。"朝中一班重臣，如陈瑄、胡濙等人纷纷站出来赞成还都南京。赞同还都南京的大臣们的理由主要有如下几点：首先，南京有龙盘虎踞之势，交通便利，是四方枢纽；其次，南京是太祖朱元璋定都之地，其陵寝也位于南京；最后也是最重要的一点，还都南京，可以省去江南运输之劳苦，节约南北运输供应费用。这些观点正合朱高炽之意，他打算还都南京，还有一层原因，就是他在南京监国和当太子二十年之久，他在南京的根基比较稳固。对于南京的一草一木，他都充满了深厚的感情，而对北京，朱高炽仿佛并没有什么感情。朱高炽的所作所为一切都是跟父皇朱棣在唱反调，父皇喜欢的和做过的，他都要反其道而行之，这是一种典型的长期压抑之后的逆反总爆发。

朱高炽命宦官郑和守备南京，同时下旨在北京的行政机构名称前面都要加上"行在"二字，意为临时机构的意思。洪熙元年（1425）三月，朱高炽正式宣布还都南京，北京的紫禁城面临着被废弃的危险。四月，朱高炽命太子朱瞻基前往南京拜谒孝陵，同时居守南京，为还都做最后的准备。他还派遣一些太监赶到南京，为他整理几处可供居住的宫殿，打算第二年春天前往南京居住。眼看大明王朝还都南京势在必行了。可是，出人意料的是，这年五月，朱高炽却突然病故了。还都南京之事也随之搁浅了下来。

朱高炽驾崩钦安殿之谜

洪熙元年五月二十九日，朱高炽突然于钦安殿驾崩。此殿位于故宫北部，接近神武门，是宫中著名的道教宫殿。朱高炽驾崩之前，没有丝毫病重的征兆，他的死可谓突然，充满了谜团。于是，各种传言和稗官野史纷纷揣测他的死因，有各种说法，有人说他被宦官所弑，也有人说他被争风吃醋的嫔妃下错毒酒误杀，甚至有人说他被雷电劈死。

拨开历史的迷雾，我们发现这些说法不堪一驳。首先，从朱高炽驾崩的地点，我们能发现些端倪。钦

第二章　明仁宗朱高炽

安殿是朱棣为了供奉北方真武大帝所建，而真武大帝据朱棣说，在他的夺位过程中保佑他成功，立下了大功，因此要在宫中专门供奉。这里是道教斋醮活动的场所，这就奇怪了，一代天子朱高炽没有死于皇帝寝宫乾清宫，却死在了一个道教活动的宫殿。本身就值得玩味。

明代著名大臣杨士奇记载了这样一件怪事：仁宗皇帝对星象之学十分感兴趣，在驾崩前一个月，曾经在奉天门召见杨士奇、杨荣、夏原吉、蹇义等大臣。大臣们奏罢公事之后，君臣之间开始闲聊。朱高炽问他们："昨夜星变，你们看到了吗？"杨荣等三人纷纷摇头，表示并未见到。朱高炽对杨士奇说："他们三个没有看到，你应该看到了吧？"杨士奇也表示自己愚钝，并没有看到。听完这话，朱高炽深深叹了一口气说："这都是天命啊！"然后起身回宫，只留下四位面面相觑的重臣。

第二天早朝完毕，朱高炽又将杨士奇和蹇义召集到奉天门。这次，皇帝更加奇怪了，未曾开口泪先流："我监国二十多年，屡次被陷害，我们三人共同经历艰难。多亏先皇英明，才得以保全啊。"二位大臣也陪同落泪，并劝慰皇帝往事已过，何必感伤。朱高炽却突然冒出一句话，吓了两人一跳："但是我去世后，谁又知道我三人曾经同心？"说完，取出了两件敕书和银印，赐予二人。皇帝话语如此沉重伤感，而这话明显是不久于人世之人的遗言之感！

果不其然，一个月后，仁宗朱高炽驾崩。外人虽然不能得知朱高炽已经病体沉重，但是从他跟重臣们的交流中，可以看出他对自己将不久于人世已经有着强烈的预感。

朱高炽身体十分肥胖，而且常年患有各种慢性疾病，为了求病体康复，他经常服用道家所炼丹药，这也就是他为何经常在钦安殿的原因。斋醮服丹成为他的精神寄托和最后的救命稻草。殊不知，丹药却加重了他的病情，并且让他变得更加暴躁。洪熙元年五月，翰林李时勉不知道从哪里听来了一些关于皇帝的风言风语，他上疏劝说皇帝守孝期间要远离嫔妃房中之事，而且反对将太子调离北京。

仁宗朱高炽感觉面子上挂不住，将李时勉召到了便殿，劝说他改正错误，他所言不确。没想到李时勉丝毫没有悔改之意，依然劝说皇帝要知错即改，不能

第二章 明仁宗朱高炽

掩饰过失。丢了面子的朱高炽勃然大怒,下令武士们抡起金瓜痛揍李时勉,当场就打断了他好几根肋骨,并将其下狱。一向好脾气的仁慈君主一改平时作风,对大臣痛下狠手,这是服用丹药后,脾气变得异常暴躁的表现。直到朱高炽驾崩前一天,他还恨恨地对夏原吉说:"李时勉当庭侮辱我。"

长期服用丹药最终将朱高炽送上了不归之路,诡异的是,三百一十年之后,另一位有为之君,清朝的雍正皇帝也因为经常在钦安殿奉道服丹,最终暴亡。

朱高炽驾崩得突然,太子朱瞻基风尘仆仆连夜赶回北京,继承大统,一个多才多艺而且酷爱娱乐的"超级玩家"成为紫禁城第三位主人。

第三章　明宣宗朱瞻基

——超级玩家、才情天子

朱瞻基，属虎，庙号宣宗，年号宣德，在位十年，生于1398年，卒于1435年，享寿三十八岁。作为朱高炽的长子，朱瞻基自幼得到了祖父和父亲的重点培养，尤其是朱棣，在夺取皇位后，对这个孙子垂爱有加，对他的教育也格外重视。在朱棣的重点关照下，朱瞻基成长为了文武全才的青年才俊。他甚至成为父亲朱高炽被立为太子的重要砝码。父亲朱高炽成为皇太子之后七年，也就是永乐九年（1411），朱瞻基被皇祖父立为皇太孙。朱高炽驾崩时，朱瞻基正在南京留守，准备还都事宜。朱瞻基逃脱了叔父朱高煦

第三章 明宣宗朱瞻基

在半路上安排的截杀,安然返回北京继承帝位。父皇虽然在位短暂,却给朱瞻基留下了一片锦绣江山和深厚的人才储备。他在杨士奇、杨荣、杨溥、蹇义、夏原吉、张辅等重臣的辅佐下,继承了仁宗开创的基业,政治清明、经济发展、百姓安居乐业,明史上将他和仁宗统治的十一年称作"仁宣之治"。明宣宗虽然是守成天子,但在文治武功方面也毫不逊色于其他

明宣宗朱瞻基

开创天子。他讨平乐安，将蓄谋夺位已久的皇叔朱高煦一举拿下，之后，他又夺取了三叔朱高燧的兵权。明初延续已久的藩王问题得到了暂时解决。宣宗仁政爱民，亲征蒙古兀良哈部，放弃了安南，将一直困扰西南边陲的问题解决了。宣德五年（1430），朱瞻基派遣郑和第七次下西洋。在政务之余，朱瞻基兴趣爱好广泛，而且宫廷娱乐活动极其丰富，他富有才情，更是一位"超级玩家"，活得极其潇洒。宣德十年（1435），朱瞻基突然病逝，给年幼的儿子朱祁镇留下了一个看似太平的江山。

朱瞻基为何不执行父皇还都南京的遗愿？

前文我们说过，朱高炽曾经打算还都南京，可是天不假年，他的突然驾崩中止了这一重要历史规划。但是他临终之前，对此还念念不忘，也在遗诏中提出：南北供给耗费巨大，军民艰苦，天下四方渴望还都南京，他也一向是这样打算的。

父皇派遣朱瞻基前往南京，也是为还都南京做最后准备。对此，朱瞻基心知肚明。但是他并不打算执行父皇的这项遗愿，因为宣德年间的边防形势并不容乐观，尤其是北方的蒙古鞑靼、兀良哈等部不断骚扰边境。在此形势下，朱瞻基面临抉择：以北京为都，虽然江南物资运输困难，但是有利于国防安全，天子守边有利于北部边疆的稳定和安全。从稳定江山的角度出发，江南运输劳苦，百姓有怨言，但是还不至于威胁到江山。而北方蒙古的侵扰确实是心头大患，必须倾其全力来应对。从个人感情上来说，朱瞻基也更喜欢北国的壮丽辽阔，祖父尚武的血液在他身体内流淌，他崇尚祖父朱棣的叱咤风云和武功赫赫，很多事情都以皇祖父为榜样，自然，祖父中意的北京也是他情感所系之地。

还有一点不容忽视，洪熙元年一年内，南京就地震四十二次，而北京一次都没有。就是之后的宣德年间，南京也是地震频仍。此时若还都，且不说政府要面临地震灾害，就是从天人感应的角度来说，朱瞻基也更愿意将其理解为上天示警，还都南京是逆天之举。

此外，还都南京耗资巨大，甚至有可能给虎视眈眈的蒙古残余势力乘虚南下之机。为了保险起见，朱瞻基最终选择不再还都了。

虽然从名义上来看，南京仍然是京师，但是实际上却是徒有虚名，而北京虽然宣德年间还被称作行在，却实实在在地成为大明的首都。对于父皇的遗愿，宣宗朱瞻基采取了搁置的态度，既不提还都南京，也不提定都北京，表现出了极高的政治智慧。试想一下，如果他宣布还都南京，就是彻底否定了他崇拜的祖父朱棣的迁都壮举；如果宣布定都北京，就等于直接否定了父皇的还都南京遗愿。所以，既然不好表态，索性就不再表态。

这样就出现了一幅奇怪场景：一方面，南京的宫殿在不断地修缮，同时，北京紫禁城的奉天、华盖、谨身三大殿自永乐火灾后，就再也没有修缮，一切典礼只能在奉天门举行。即使如此不方便，朱瞻基在位期间再也没有回过南京办公。朱瞻基这种实际上以北京为首都的态度也影响到了他的儿子明英宗朱祁镇，使得北京在正统年间最终成为名正言顺的京师。

长安宫的废后与朱瞻基的"少年荒唐事"

在今天故宫博物院的乾清宫东侧不远处，有一处宫殿名曰景仁宫，顺治十一年（1654）三月，康熙帝玄烨在此诞生。在明代前中期，此处宫殿称作长

第三章　明宣宗朱瞻基

安宫,是内廷的东六宫之一,始建于明永乐十八年（1420）,嘉靖十四年（1535）更名为景仁宫。

鲜为人知的是,这里在宣德至正统初年,曾经居住过一位被废的皇后,她也是明代历史上第一位被废掉的皇后。这位皇后就是宣德皇帝第一位皇后——胡皇后胡善祥。

胡善祥乃是济宁锦衣卫百户胡荣第三女,永乐年间,她以贤名被朱棣选为皇太孙朱瞻基的正妃。当然,朱瞻基虽然年纪轻轻,身边已经是十几个女子环绕了,跟胡善祥一起被选入的还有一位孙姑娘,她是山东邹平人,是永城县主簿孙忠之女,当时,她被选为皇太孙嫔。明代选正后,往往以德以贤,这就形成了明代贤后居多的情形。胡氏是朱棣为爱孙精心挑选的贤女子,只可惜,朱瞻基偏偏是一代风流天子,他多才多艺,面对那整日里板着一张脸,木雕泥塑一样的胡善祥,朱瞻基越来越觉得乏味无趣。更何况,每当朱瞻基出去游玩巡游,胡善祥都要苦口婆心地规劝,朱瞻基越发对她不满,几次在母亲张太后面前抱怨,嫌弃胡氏多事。

而孙氏聪明伶俐，而且姿色超群，整日里哄得朱瞻基开怀不已。虽然，在朱瞻基登基后，胡善祥成为皇后，但是朱瞻基没有忘记自己的真爱孙氏，将她也册封为皇贵妃，在宫中地位仅次于胡皇后。

偏偏这孙氏心高气傲，不甘心居于人下，开始觊觎那正宫皇后之位了。不得不说孙氏工于心计，表面来看，她对胡皇后毕恭毕敬，暗地里却开始了紧锣密鼓的行动。

按照规制，皇后有金册（也就是册立皇后的金册），也有金宝（皇后的金印），贵妃以下只有金册，没有金宝，这也是显示地位的尊卑高下。孙贵妃哄着朱瞻基为自己铸造了一方金宝，这已经是明显违反祖制之举了，这也是对张太后态度的一个试探。张太后觉得虽然此举违反祖制，但是贵妃地位还是在皇后之下，就勉强答应了朱瞻基此举。

首个回合获胜，孙贵妃志得意满，她又开始了下一步的筹划。当时，朱瞻基还没有儿子，不管是胡皇后也好，还是孙贵妃等其他嫔妃也罢，都没有给他诞下"龙子"。可是，要知道，皇帝在后宫可不仅仅是那几位嫔妃，他还有众多的宫女，可供他随时临幸。

第三章　明宣宗朱瞻基

朱瞻基在临幸了一个宫女后，宫女怀孕，产下了一个皇子，这个小皇子也就是日后的明英宗朱祁镇。在得知了宫女怀孕的消息后，孙贵妃在心腹宦官和宫女帮助下，来了一个"李代桃僵"，将宫女之子据为己有，制造了自己怀孕的假象。果然，在"怀胎十月"之后，孙贵妃"生"出一位小皇子，按照"母以子贵"的规定，生下皇子的孙贵妃地位自然要水涨船高，再高那会是什么？有些大臣见风使舵，纷纷上疏，要求立皇长子为太子，还有的要求册立孙贵妃为皇后。

在孙贵妃假怀孕这件事上，朱瞻基未必不知晓内情，也许这出戏正是他配合爱妃上演的戏码，就是为了将爱妃扶上皇后之位呢！

胡皇后得知了孙贵妃诞子的消息，也听到了外廷大臣的建议，自己知趣地提出辞去皇后之位。这正中了朱瞻基和孙贵妃下怀，可是二人觉得现在还不具备改立皇后的条件，因为，他们还要得到众多重臣和母后张太后的支持，另外，废后毕竟属于君主的失德之举。在胡皇后并没有明显过错的情况下，贸然废后也会引起天下人非议。

朱瞻基首先来找张太后商议此事，征求母后关于群臣建议改立皇后之事的意见,张太后知道儿子请示她只是做个样子,其实他内心主意已定。张太后无奈之下,只好顺应了儿子的意思。

朱瞻基又找来杨士奇、杨荣、蹇义、夏原吉、张辅等文武重臣,跟他们商量更立皇后之事。杨荣善于迎合皇帝的意思,他建议找几条皇后的过错,作为废后的依据,朱瞻基问其他人:"废皇后这种事情,前朝有没有先例?"蹇义回应道:"宋朝仁宗皇帝曾经将郭皇后废黜。"朱瞻基又问其他几位重臣的意见,杨士奇说:"皇上和皇后,犹如我的父母。做臣子的,哪里有资格商量废黜国母之事!当年,宋仁宗废除郭皇后,范仲淹等人率领十几个谏臣抗议,结果都被罢官了,现在史书上还在贬斥宋仁宗的失德之举。"朱瞻基听了之后默默无语,第一次商议废后的重臣会议就这样不了了之了。

次日,朱瞻基将杨士奇和杨荣召集到了皇宫西侧的西角门,他想再争取一下两位重臣的支持,只要他们同意,其他朝臣方面就不会有太大阻力。杨荣将自己提前拟好的皇后二十多条"罪状"掏了出来,递给了朱瞻基。杨荣还扬扬自得地说:"这些罪名,足以废掉皇后了。"没承想，朱瞻基看了这些子虚乌有的诬蔑之词后，勃然大怒，训斥他说皇后并没有做过这些恶事，如此污蔑，难道不怕神灵谴责？杨荣连忙叩头谢罪，这时，朱瞻基又征求杨士奇的意见。杨士奇又列举历史上汉光武帝和宋仁宗废后，晚年又后悔的例子来劝说皇帝。就这样，第二次的讨论又是不欢而散了。

朱瞻基却不是肯轻易放弃的人。他再次找到杨士奇，跟他开门见山地说，废皇后正是张太后的意思。杨士奇内心开始了动摇和犹豫。几天后，朱瞻基将杨士奇单独召到文华殿，杨士奇终于改变了立场，为皇帝想了一个办法："可以乘着皇后有病的机会，劝说她主动辞去皇后之位，这样一来，皇帝不至于名声受损，也合乎礼法。"杨士奇还叮嘱皇帝，如果胡皇后答应辞位，也要给予善待，要与新皇后一般待遇。

就这样，宣德三年（1428）三月，宣德皇帝朱瞻基正式颁布了废后的圣旨：胡皇后因为自身有疾病而且不能生子，自愿辞去皇后之位，他不得已同意。孙贵妃生下皇子，群臣建议册立其为皇后。

表面的冠冕堂皇，并不能掩住悠悠众人之口，无任何过错却被废黜，胡皇后得到了天下人的怜悯。朱瞻基后来也有些后悔，提及此事，常常说这是他年少时候的荒唐事。张太后也很同情胡善祥，每次内廷设宴时，都将胡氏之位置于孙皇后之上。

辞去皇后之位的胡善祥，后来居住在了长安宫中，被赐号为"静慈仙师"。无过被废，胡善祥万念俱灰，只好一心向道，在青灯孤影中了却残生。谁也不知道，在无数个静谧的黑夜里，胡善祥辗转难眠，心中是不是如电视剧中的甄嬛一样，在想："毕竟我这一生的情是错付了啊！"

朱瞻基废后造成的影响是恶劣的，后世的子孙如景泰帝、成化帝、嘉靖帝都有样学样，在位期间都做出了废后的举动。这一点，恐怕是朱瞻基所没有预料到的。

经历了十五年的孤寂生活之后，胡善祥病逝，死后以嫔妃之礼葬于金山。

西华门外"烧烤"亲王

今天，游客们游览故宫博物院时，在太和殿后面能发现有好几个巨大的铜缸，其直径近两米，有半人多高，重量可达两吨之巨。这些铜缸的用途是救火急用，平时里面会装满水，万一宫殿起火，这些水会用

第三章 明宣宗朱瞻基

来浇灭火焰。这些铜缸是乾隆时候铸造，被称作吉祥缸。明朝其实也有类似的铜缸，只不过要比清朝的小一号，其中有一个铜缸还扣压并活活烧死过一个亲王哩！

这位亲王就是朱瞻基的亲叔叔汉王朱高煦。朱高煦在永乐朝就是皇太子朱高炽最有力的竞争对手，朱棣几次差点废掉太子，改立朱高煦。在朱瞻基从南京到北京赶回即位的途中，朱高煦安排杀手在半路截杀，却没有成功。朱瞻基深知朱高煦逆谋已久，于宣德元年（1426）八月十日，出征在乐安谋反的汉王朱高煦。一向强悍的朱高煦这一次却认了尿，不战而降。

朱高煦全家被带回了北京。朱瞻基专门在西华门内修建了一所囚室，朱高煦全家被囚禁于此。朱瞻基还为囚室起了一个具有嘲讽意味的名字——逍遥城。被废为庶人的朱高煦和他的亲属，就在这里度过了并不逍遥的四年囚徒生涯。

宣德四年（1429）的一天，朱瞻基想起了这位二叔，也许出于亲情牵挂，他也对朱高煦生出了些许怜悯之情，打算去探望一下。朱高煦被长期囚禁，内心早就恨透了朱瞻基，这次是"仇人相见，分外眼红"。

朱高煦盘腿坐在地上，对皇帝不行见驾之礼，而且态度极其傲慢。朱瞻基见朱高煦的顽劣性格一点都没变，就训斥了他几句。没想到，朱高煦乘着朱瞻基转身要离开的当口，一个箭步冲了上去，来了一个"扫堂腿"，将毫无防备的朱瞻基扫倒在地。多亏了这时候皇帝身边的卫士们一起上前，制住了朱高煦，才没有导致皇帝进一步被伤害。朱瞻基勃然大怒，命令几名健壮的武士抬来了一口大铜缸。朱瞻基一声令下，将朱高煦罩在了铜缸之下。

没想到，力大无穷的朱高煦竟然用背部顶起铜缸，铜缸开始移动了起来。朱瞻基这次再也控制不住怒火，起了杀心。他下令武士们找来一大堆木炭，将铜缸全部罩住，然后开始放火。被罩在铜缸里面的朱高煦被烧得鬼哭狼嚎，最终一代枭雄变成了焦黑的一团。朱瞻基还不解气，下令诛杀了朱高煦的几个儿子，斩草除根。

就这样，性格决定命运，本来不打算杀死叔叔的朱瞻基被朱高煦激怒，最终做出了惨绝人寰之事！

西苑宴席，君臣同乐

西苑，位于紫禁城西侧，自从辽金元各朝以来，

第三章 明宣宗朱瞻基

一直是皇家园林。其东至紫禁城,景山之外,西、北、南三面都抵皇城,面积约为紫禁城的六倍。其中心区域就是南、北、中三海。中海和北海被称作太液池。太液池中架设虹桥,虹桥之东是圆台,上设圆殿,其后有石龙吐水之景,犹如瀑布激流而下。圆殿北面是万岁山,万岁山上设有宫殿亭阁,雕梁画栋,美轮美奂。太液池中石龙喷泉,壮观无比,配以池旁的杨柳依依,山水如画,真的让人有入仙境之感。

宣德三年(1428)三月,春暖花开之际,朱瞻基将杨荣、杨士奇、蹇义、夏原吉等十八位重臣请到了西苑,与大家一起游玩。朱瞻基和孙皇后带领群臣,先登上了万岁山,眺望远处景色。君臣一行又在太液池中泛舟。朱瞻基兴致盎然,指着御舟,对群臣说:"治理天下,犹如此舟,想要泛舟四海,全都要靠众卿家扶持。"众臣纷纷叩谢。朱瞻基又说:"朕自登基以来,内外颇不安静,如今朕喜得一子,今后列位卿家齐心协力,励精图治,实现太平盛世、清明之治。"诸臣高呼:"皇上圣明,我等甘效全力。"

朱瞻基命人在太液池中张网捞鱼,随即下令御厨调制鱼羹,在舟中分赐诸臣。宫女以长笛和古筝演奏音乐,君臣在饮乐中填诗赋词,好不惬意。

泛舟多时后,君臣们进入宫殿,开始了正宴。朱瞻基对诸臣说:"当今天下太平,不能因为游乐耽误政事,古人说'死于安乐'。但是在政务之余,又何妨游乐放松,不至于劳累困顿。今日不醉不归,各位臣工放开来饮!"大臣们听闻此言,纷纷放松,开始饮宴,席间君臣同乐,一片欢乐融融。直到天色已黑,各人才各自散去。

除此之外,朱瞻基还多次陪同皇太后或者让朝臣们游玩西苑,每次或赐宴或赏赐,这也是朱瞻基笼络人心的一种方式。

风流天子的宫廷娱乐

应该说,朱瞻基是幸运的,他在位时候,祖宗几代皇帝励精图治,给他留下了一片锦绣江山,他不必经历太祖朱元璋的开国苦斗,也不必像太宗朱棣一样开创进取;他甚至没有经历过父皇朱高炽做太子时候的困难考验。从这个角度来说,朱瞻基是明朝帝室的幸运儿。兼之,他文武全才,又爱好文艺,是典型的风流天子。

第三章 明宣宗朱瞻基

朱瞻基并不像父祖那样勤政，内阁司礼监双轨体制也使得他从繁重的政务中摆脱了出来，更加有充裕的时间来娱乐。让我们从以下几幅图，来看一看朱瞻基的紫禁城娱乐生活吧。

捶丸这种运动渊源于唐代的马球。打马球极其容易受伤，而且皇帝与百姓球场相争，体现不出皇帝的威严。到了宋代，击球的球棍变成了曲棍形，比赛演变成了更具备技巧性的击球入洞。这种运动称作"捶丸"，宋代十分盛行，到了明代，捶丸由室外游戏演变成了宫廷内的室内游戏。

《明宣宗宫中行乐图》局部之"捶丸"

这种运动十分类似于今天的高尔夫球，甚至有人说高尔夫球就是起源于此。从图中可以看出，场地内设有球窝，左边立有一彩旗，按照球窝数量设彩旗，参加者手持球棍比赛。

从下图可以看到，朱瞻基端坐在一个四柱支撑的顶篷之下，正在集中精力盯着前方的球场。球场内有六名小宦官正在踢一个白色的球，一名小宦官正在颠球，展示球技。蹴鞠类似今日的足球运动，双方列队攻守，朱瞻基也经常亲自下场参加。他曾经写过一首《蹴鞠》诗："密密清荫接贝宫，锦衣花帽蹴东风。最怜宛转如星度，今古风流气概同。"

《明宣宗宫中行乐图》局部之"蹴鞠"

朱瞻基爱好蹴鞠，他还善于发现人才。有一次，他看到了汉王府军士王敏善于踢球，就将他阉割入宫，陪他踢球，或者表演球技给他看。

明代的东苑设有马球场。打马球是一种寓武于乐的体育运动。图中五名运动员正骑在马上，依次挥舞着球棍将球击打入门。

《明宣宗宫中行乐图》局部之"打马球"

投壶，是在固定的位置距离内进行投射，由站在壶边的"司射"计分。投中者胜出，反之则为输者。图中朱瞻基端坐在马机之上，投壶到离席位两矢半的距离，他所投三箭都进入了壶内，而对手所投三箭则全部弹出壶外。

除此之外，朱瞻基还喜欢射箭、围猎等活动，不

《明宣宗宫中行乐图》局部之"投壶"

过他的围猎活动,却被一些保守的大臣认为是劳民伤财、荒于政事之举。以至于戴纶、林长懋等劝谏的文官或死或下狱。

朱瞻基围猎实际带有不忘武备之意,由于大臣们的强烈反对,他只好将这些活动转化为宫廷中的娱乐。

朱瞻基的一项爱好是饲养宠物。在枯燥的后宫生

第三章 明宣宗朱瞻基

活中，作为生活调剂的斗鸡、玩狗、养猫、驯鸟是必不可少的。

明宫中就有专门养猫的猫儿房。据说是明朝先帝为了防止专宠一人，不能使得后宫雨露均沾，而导致子嗣不昌。所以才在宫内养猫、养鸽子等小动物，并以千婴、百子命名这些宠物房的门，以便于使得君主耳闻目睹动物们的强大生育繁殖能力，从而有所感触，多多诞育子嗣。

朱瞻基在宫中养猫养狗，并有宫廷画家或者朱瞻基本人所作的《花下狸奴图》和《萱花双犬图》为证。

各种游戏之中，朱瞻基最爱的还是斗蟋蟀，而且还由此得来一个"促织天子"的诨名。蟋蟀古名促织，朱瞻基十分喜爱这项游戏，让手下人到处为他寻找上好的蟋蟀送入宫中。

在北京附近没有找到太合适的蟋蟀，朱瞻基又派出许多宦官到全国各地采办购置。朱瞻基下了一道密旨给苏州知府况钟，让他采贡一千只蟋蟀。这也导致了一时间蟋蟀的价格飞涨，上好的品种甚至卖到了十几两黄金一只。枫桥地区有一个粮长，为了完成上面摊派的任务，卖掉了自己的坐骑，才换来了一只上好的蟋蟀。家中的妻子和小妾好奇，偷偷打开观赏，没有想到却让蟋蟀逃跑了，再也无法找回。妻子和小妾害怕，只好上吊自杀，粮长看到眼前这一幕，万念俱灰，也随之自杀了。这真是"一虫杀三人"，仅仅因为皇帝的爱好就给地方造成了不小的扰乱。清朝人蒲松龄的《促织》，就是根据这个故事改编而成。

朱瞻基的宫廷生活当然不完全是娱乐，他也有雅趣，他研读经史，有御制诗集问世。另外，他喜爱绘画，还工于书法。

一首《春兴》描写了朱瞻基惬意的宫廷生活：

柳色烟中绿，苔纹雨后青。
池塘新水溢，款款戏蜻蜓。

朱瞻基在位十年之后，于宣德十年（1435）正月初三驾崩，将看似太平无事的江山社稷传给了皇太子朱祁镇。

第四章　明英宗朱祁镇

——一生传奇、两朝天子

朱祁镇，属羊，庙号英宗，年号正统，夺门之变后改年号天顺，生于1427年，卒于1464年。他在位二十一年，享寿三十八岁。朱祁镇作为第一个出生在宫廷，"长于妇人之手"的帝国统治者，并不是文弱之辈。相反，他对先祖们的赫赫武功充满了仰慕之情。他九岁登基，也是明王朝自开创以来，第一位真正意义上的幼年天子。正统初叶，明王朝在张太皇太后和名臣"三杨"等人辅佐之下，延续了仁宣之治的良好发展态势，明朝国力一片欣欣向荣。明朝独特的监阁双轨政治体制，又导致了明朝第一位专权大太监——

天子之居

王振的崛起。跟传统士大夫的政治评价不同,王振并不是帝国的妖魔,相反,他在辅佐正统初政时,还多有建树。之后,许多必然和偶然因素,导致了明朝自开国以来,最大的一次全面危机——土木堡之变。这次军事惨败,明英宗朱祁镇至少要负七成以上的责任,殉国阵亡的王振只不过是一个替罪羊而已。

土木堡之变后,朱祁镇沦为瓦剌人的俘虏,这是

朱祁镇

第四章 明英宗朱祁镇

汉族王朝的一大耻辱。但是明朝上下坚定抗敌，同仇敌忾，让瓦剌无机可乘，最终无奈地将朱祁镇释放。回到北京的朱祁镇，惊讶地发现自己竟然又一次成为囚徒，在南宫的七年幽禁岁月，让他和弟弟朱祁钰之间的矛盾变得不可调和。在徐有贞、石亨、曹吉祥等一批投机者的策划下，南宫之变使得明朝政治局势大变。朱祁镇也得以二次登基坐殿，改年号为天顺之后，朱祁镇的统治风格也有了很大变化。他开始变得深沉而成熟，在相继平定了石曹之乱后，明帝国重新走上了正轨。通过释放建文帝后裔和废黜嫔妃宫人殉葬制度，生命最后一刻的朱祁镇最终赢得了"盛德之君"的称赞。

乾清宫内张太后平定即位风波

作为大明帝国自开国以来，最年幼的继承者，朱祁镇即位之初还经历了一场风波。尽管宣德皇帝朱瞻基在驾崩之前，已经留下遗诏，按照太祖朱元璋制定的皇位嫡长子继承制，命太子朱祁镇继承大统。但是不知为何，宫中却流传着朝廷要召回襄王朱瞻墡继承帝位的消息。这正是主少国疑，加之襄王朱瞻墡乃是张太后疼爱的小儿子，也是宣德帝朱瞻基的亲弟弟。他当时年富力强，也有仁德之名，还有一定的政治资本。在当年洪熙帝朱高炽突然驾崩后，张太后安排襄王在北京监国，等待从南京赶回京城即位的朱瞻基。从宣德帝驾崩到朱祁镇即位，中间有七日之久，皇位空缺，很难说张太后心中没有过动摇。毕竟国赖长君也是有一定的道理。

但是作为一个女政治家，理智最终还是战胜了情感。考虑到嫡长子继承制的祖制，加上儿子的遗诏，为了帝国的长治久安，张太后最终还是弃子择孙。张太后听说了自己取金符之事被外廷传得沸沸扬扬，大家都说她要传位襄王。

面对人心浮动，张太后果断带着太子朱祁镇到了乾清宫，召集了各位内阁大臣，边哭边指着朱祁镇说："这是新天子。"阁臣们连忙跪倒拜谒，高呼万岁，就这样，外间的传言才得以平息。

经筵与游玩——紫禁城小主人的快乐童年

作为一个九岁的孩子，贪玩是儿童的天性。但是作为肩负帝国统治重任的皇帝，玩乐又必须是受到限制的。以内阁为首的儒臣们希望新皇帝做一个守成君主，学习治国理念和儒家经典是十分重要的，由此，他们力争通过经筵影响少年天子。

在恢宏的紫禁城中，有一处静雅之处，它位于奉天门东，会极门东南，与那些宏伟的宫殿相比，它以精雅出众，有着绿色琉璃瓦的屋顶，匾额之上大书"学二帝三王治天下大经大法"。此处就是明代皇帝学习的场所——文华殿。文华殿内前殿是经筵场所，而殿后的穿廊是日讲场所。

经筵有一套复杂烦琐的仪式。殿中设有御座，御座的南边设有两个金鹤香炉。香炉东南设有御案，御案的南边有讲案。御案和讲案上都放置讲章，以金尺镇之。到了经筵之期，知经筵事勋臣、同知经筵事的阁臣和讲官，以及九卿、锦衣卫指挥使，还有翰林官和御史、给事中等肃立在文华门外。小皇帝朱祁镇到左顺门，然后升坐文华殿前殿的御座，诸臣由东西二门分别入殿内行礼，然后各回朝班。

抬御案官举御案到朱祁镇面前，然后将讲章举到讲官面前。讲官再出班站立，展书官两人出班对立，讲官在小皇帝面前行礼。然后展书官膝行到小皇帝面前展开讲章，讲官再开始宣讲讲章，讲完退回行列之中，小皇帝会传旨赏赐群臣酒饭。

儒家的大道理对于一个九岁的孩子来说，还是太枯燥了，而且担任讲官之人虽然都学富五车，可是他们不懂得怎样让一个孩子接受如此高深的道理。填鸭式的教育无法取得应有的效果。

与此同时，小皇帝身边的一个宦官对他的影响大大超过了这些老夫子。他就是大太监王振。自幼就接受过内书堂教育的王振，似乎更加懂得小皇帝需要什么和如何进行引导教育。王振代表了宦官势力对皇帝施加影响，他力争将小皇帝引导上一条重视国家武备的道路。

骑马射箭和排兵布阵似乎更合小皇帝的胃口。王振想让小皇帝保持尚武传统和具备更多的英武气概。他陪伴小皇帝进行这些带有重视武备含义的游戏，取得了朱祁镇更多的信任和依赖。另外，具有儒学教育背景的王振也能注意时时刻刻规范小皇帝的行为。

小皇帝朱祁镇的宫中生活是丰富多彩的。他喜欢踢球的游戏，这倒是跟父皇朱瞻基有几分相像。但是小孩子毕竟不懂得节制，有时候玩起来废寝忘食，更

第四章　明英宗朱祁镇

耽误了处理政务。王振赶到球场，小皇帝看到之后，像犯了错的小学生一样，立刻停止了游戏。这位自幼陪伴自己的"王先生"，对他还是有一定的震慑力的。但是王振当场什么也不说，这是给足小皇帝面子。在第二天，朱祁镇到内阁时候，王振却下跪劝谏说："先皇喜欢踢球，几乎耽误了国家大事，陛下您继承了这个爱好，天下社稷可怎么办啊？"这一番直言，让小皇帝羞愧不已，以后也对踢球的爱好收敛了不少。

不过，朱祁镇对踢球的爱好并没有彻底消亡。天顺年间，他二次登上帝位。有一次，他在内苑与朱永、吴瑾等勋贵踢球，这时候恰好石亨等人走了过来。朱祁镇远远看到，用球杖连连戳地，还连说："好个于谦！"

就这样，小皇帝朱祁镇在学习和游乐中不断成长，不久，年纪轻轻的他做出了一个影响后世的重大决策。

小皇帝是明朝最终定都北京的决策人

前文我们讲过，关于定都之争，几代皇帝在位期间多有反复。到了宣德帝，干脆不表态，北京各部门名称仍然带有"行在"字样，在名义上，明朝首都仍然是南京，北京只是临时都城。在朱祁镇即位后，北京的宫殿开始大规模修建。因为之前永乐朝三大殿火灾，给紫禁城造成了一定程度上的破坏，后面的仁宗、宣宗二帝并没有进行大规模修缮。这个任务交给了小皇帝朱祁镇。经过几年的修建，正统六年（1441），明皇宫三大殿、两大宫正式修建完毕。小皇帝意气风发，面对父祖都没有完成的伟业，他自我感觉良好。奉天殿、华盖殿、谨身殿和乾清宫、坤宁宫作为紫禁城的主体建筑，宏伟雄壮，体现了王朝和皇家的尊严。随后，十一月初一日，朱祁镇正式颁布了定都北京的决议：去掉北京各个衙门名称的"行在"字样，南京的衙门名称增加"南京"二字，持续了五六十年的定都之争终于尘埃落定。

从此，北京作为国都的政治中心的地位得到确定，南京沦落为留都的位置。这一决定深刻影响了明代此后两百多年的政治军事格局，天子守边有利有弊，不过从整体来看，明朝国祚绵长，与此不无关联。

第四章　明英宗朱祁镇

青年皇帝亲征瓦剌的决定

永乐大帝朱棣为了解决北方蒙古问题，五次亲征漠北，其打击的重点是阿鲁台的鞑靼部。阿鲁台的鞑靼部遭到重创之后，瓦剌部势力却得以渐渐增长。宣德九年（1434），瓦剌首领脱欢袭杀了鞑靼部首领阿鲁台，正统四年（1439），脱欢病故，其子也先成为瓦剌首领，并统一了蒙古各部。

瓦剌与明朝当时经济往来较多，瓦剌对中原的粮食、茶叶、铁器、棉布、绸缎等物资需求较大，他们通过马市和朝贡贸易获取这些生活必需物资。但是随着瓦剌使团人数不断增长，明朝方面已经不堪重负。觊觎中原的财富，同时看到明朝边防的废弛，也先渐渐生出了野心。正统十三年（1448）十二月，瓦剌派出三千五百多人的庞大使团来到明朝贡马。太监王振根据实际人数减免了多余的马价，也先以此事和所谓明朝拒绝和亲之事，大举进犯明朝北疆。

正统十四年（1449）春，也先兵分四路大举南下。六月三十日午后，英宗朱祁镇在左顺门召开晚朝，选派成国公朱勇选京营四万五千人，由平乡伯陈怀、驸马都尉井源带领，分别赶往宣府和大同加强边卫。

随后，朱祁镇在紫禁城内召见众臣，做出了御驾亲征瓦剌的决定。虽然很多大臣内心极度反对皇帝亲征，但是慑于皇帝身旁站立的王振的权势，当场没有人对亲征提出任何异议。

跟传统的认知不同，朱祁镇在宫中做出这样一项影响了明朝国运的决策，并不是太监王振左右的结果。作为一个可以独立思考并亲政多年的年轻人，朱祁镇的身体中流淌着明朝皇室尚武的血液。他对太祖、太宗、仁宗、宣宗等先帝们亲自上阵杀敌的历史耳熟能详，羡慕不已，也梦想有朝一日继承先帝们的武功。自幼又喜欢排兵布阵，检阅士兵，骑马射箭，朱祁镇渴望走上战场，恢复祖宗们的荣光。可以说，明朝皇室自开国以来，就有御驾亲征的传统，这也是促使朱祁镇做出亲征决定的重要因素。

另一方面，当时明朝的军事体制也决定了除了作为最高统帅的皇帝，无人有能力和有权力指挥京师三大营精锐。亲征决定既然做出了，开弓没有回头箭，五十万大军（号称）在朱祁镇的带领下，浩浩荡荡走上了北方战场，等待他们的将是一条不归之路。

第四章 明英宗朱祁镇

明军在土木堡之变后，全军覆没，朱祁镇也成为瓦剌人的俘虏。除了那些忠心耿耿的大臣之外，还有一位女子在日夜为朱祁镇担心，她就是紫禁城曾经的女主人。

感人至深的爱情故事，女主角竟是紫禁城女主人

明正统十四年十二月。夜已经很深了，呵气成冰的深冬，寒风无情地掠过巍峨幽深的紫禁城，天空中落下了片片鹅毛雪片。已经是三更天了，紫禁城已经笼罩在银装素裹之中。只见两个巡更的宦官由远及近逐渐走来。突然一声凄厉的女人哭声从远处的宫中传来，在这个寂静的雪夜中显得尤其瘆人。"哎呀，妈呀！有鬼！"巡更的两个宦官中年龄较小的那个跌了一个屁蹲。旁边的老宦官把他搀了起来。"瞎说什么。你新来的不晓事。你知道吗，那是咱们的钱娘娘在思念太上皇呢。唉！"

镜头缓缓拉进钱皇后的寝宫。此时的钱皇后正在虔诚地跪求上苍，她祈祷上苍让她的夫君也就是现在被尊为太上皇的明英宗朱祁镇早日平安归来。这样的日子从朱祁镇在土木堡之战中被俘已经持续了整整快四个月了。四个月的日子，钱皇后就这样没日没夜地祈祷哭泣，一个绝望的女人家，她虽然贵为皇后也没有办法，只能用这种简单的方式表达心中的苦痛。为了表示虔诚，她困了累了就简单在地上和衣而卧，长期睡在冰冷的地面上导致了她一条腿残疾，从此再也没有好过，而天天的以泪洗面也夺走了她的一只秀目。《罪惟录》上说是泣血损一目。哭泣到眼睛出血，想想这样的夫妻真情就让人钦佩不已。也许在那无数个绝望祈告的日子里，钱皇后还想起了那年她从千万个女孩中作为优胜者被选入宫中，在正统七年（1442）五月那个她最难以忘记的日子里被册立为皇后。要知道这次册后大典几乎算是明朝开国后最隆重的一次册后典礼，因为这也是明朝皇帝第一次继位后举行的初婚大典。婚典上，凤冠霞帔的钱皇后深情地望着夫君朱祁镇，这个天下最有权势的男人。那一刻她充满了对婚后生活的憧憬。那一年她十六岁，他十五岁。

　　钱皇后出身并不高贵，她的父亲钱贵，最初也只是一个中下层的世袭武官。后来明英宗朱祁镇几次要封老丈人为侯，都被钱皇后婉言谢绝。婚后七年的生活平静而幸福。直到正统十四年七月，朱祁镇决定御

第四章 明英宗朱祁镇

钱皇后

驾亲征侵边的瓦剌人。看着丈夫满身戎装，威风凛凛地带领五十万大明军队出征的时候，钱皇后脸上洋溢着幸福的笑容，在她心目中丈夫是无所不能战无不胜的天子，这次也一样。可当她看着丈夫渐行渐远的背影时候，她的心中却也隐隐有种担忧，女人的直觉又仿佛告诉她事情不会那么顺利。果不其然，八月十八日败报传入京城，钱皇后从征的两个兄弟钱钦、钱钟也在土木堡之变中殉国。听到噩耗的钱皇后当场浑身绵软、瘫倒在地。她发疯般地翻箱倒柜拿出了自己所有的积蓄送给瓦剌人要赎出自己的丈夫。但是她想得太简单了，瓦剌的也先要的是大明的臣服，乃至如果有可能要灭亡明朝重建大元，而不仅仅是区区钱财。国不可一日无君，于是在群臣的拥立下，朱祁镇的弟弟朱祁钰登基称帝，朱祁镇被尊为太上皇。消息传来，犹如晴天霹雳击倒了钱皇后，她是才女，熟知历史典故，历史上的太上皇有很多都没有好下场，能善终的很多也是过着有如行尸走肉般的凄苦一生。她想起了唐玄宗李隆基，开创开元盛世的一代大帝晚年被迫成为太上皇，连跟故臣聊天谈心的机会都没有，身边最忠心的高力士被流放边陲，最终李隆基凄苦地死在了犹如冷宫般的养老之地。李隆基和唐肃宗李亨还是父子，而朱祁镇和朱祁钰仅是兄弟啊，丈夫的下场会不会还不如李隆基……想到这里，钱皇后闭上了眼睛，不敢再往下想。

一个贵为皇后的女子，此刻也已经无助得像个孩子般哭泣，于是我们看到了本文开篇的那一幕。后来在景泰帝君臣的铁血抗战取得胜利之后，瓦剌人觉得朱祁镇已经没有利用的价值，于是做了顺水人情放回了他。得到消息的钱皇后终于喜极而泣，一年了，无

第四章 明英宗朱祁镇

数个诚心祈祷的日子终于换来了丈夫的平安归来。虽然史书上没有记载夫妻二人第一次见面的场景，但是从明英宗复辟以后的表现，我们相信朱祁镇见到已经是残疾人的妻子的时候并没有一丝一毫的嫌弃。相反经历了这次生死诀别以后，他们的感情更加深厚了。明英宗回到京城以后，得到的却是为了稳坐皇位而处处提防他的弟弟景泰帝的冷遇。朱祁镇以太上皇的身份被软禁在了南宫。又是七年，为了防止哥哥交通外界，朱祁钰甚至砍光了南宫的大树，卢忠的金刀事件差点让悲剧上演。刚结束了一年的漠北俘虏生涯，一代天子又沦落为不戴枷锁的囚徒。身边的钱皇后在用温情来安慰苦厄处境中的丈夫，在她的心目中，丈夫兵败做了俘虏，可他是为了国家亲征，他从来没有向敌人卑颜屈膝祈求活命，他在她心目中仍然是英雄，尽管他失去了皇位，乃至有一天他成为一个普通人，他也是她今生相守到老的夫君。

景泰帝刻薄的待遇让南宫中的生活用度吃紧，于是损一目、伤一股的钱皇后拖着自己的病体带着宫人一起赶制绣品，来换取些南宫中所需的生活费用。明英宗这个人的人生在历代皇帝里面确实太传奇了，在旁人眼中也许他也要像唐玄宗一样老死冷宫了，但是没有想到还不满三十岁的弟弟景泰帝却病入膏肓，于是景泰八年正月，在徐有贞、石亨、曹吉祥、张𫐐等一批文武宦官的拥立下，朱祁镇成功复辟，二次登基，史称夺门之变。

当然这时候的钱皇后是衷心为丈夫高兴的，但是这时候又发生了一件不大不小的事情。在英宗复辟之后，面临再次册立皇后的问题。本来钱皇后再次成为皇后也是顺理成章的事情。但是这时候太子朱见深的生母周贵妃打通关节试图尝尝当皇后的滋味，于是就有了太监蒋冕的出场，他跟钱太后进言说："当今钱娘娘无子而且又是残疾之人，已经不适合母仪天下，为了大明的面子应该让周贵妃正位中宫。"明英宗得到消息之后立刻怒斥了蒋冕。于是钱皇后仍然正位东宫，母仪天下。

后来善良的钱皇后还给英宗讲述了他的身世之谜，并给前朝明宣宗的第一任皇后胡善祥说情，于是胡皇后得以恢复皇后的名号。英宗想到了钱皇后的两个兄弟殉国的事情，要为他们两个追封爵位，又一次被其婉拒，她真的是用心良苦，不想母家势力太大，

第四章 明英宗朱祁镇

历史上外戚专权的故事让她不得不随时保持警醒，从自身做起。钱皇后仍然不忘记善待已经被废为郕王妃的汪氏，她们如民间的妯娌那样和睦相处。钱皇后不能忘记，正是因为汪氏最初坚持劝说景泰帝保留朱见深的太子之位，才被景泰废去皇后之位。

有一次明英宗跟钱皇后并坐，旁边的周贵妃表现出瞧不起钱皇后的狂傲样子，明英宗当场大怒呵斥她："别以为你生了太子就可以骄傲自大！"旁边的钱皇后劝说："陛下你得为太子想想啊。"英宗这才止住了愤怒，但是事情并没有完，他让周贵妃亲手缝鞋子给钱皇后祝寿作为惩罚。可以想见在这个事情之后，周贵妃更加恨透了钱皇后，于是也有了成化年间的那场闹剧，这是后话暂且不表。从这个小故事也可以看出明英宗对钱皇后是多么在乎。

幸福的时光总是短暂的，到了天顺八年（1464）正月，在漠北那一年苦不堪言的俘虏生涯，在南宫那七年郁郁不得志的太上皇岁月，外加复辟之后天顺七年间的日夜勤劳政事已经耗尽了朱祁镇的全部元气，不到四十岁的他却已走到了生命的尽头。他要走了，最放心不下的是自己的钱皇后，他叫来了太子，在病榻之上叮嘱他一定要尽孝，为她养老送终。他还是不放心，于是他又叫来了内阁大学士李贤，拉着他的手反复地叮嘱"皇后千秋之后必须要跟朕同葬"。他担心的是无子无依的钱皇后失去了自己的庇护，将来面对骄悍的周贵妃会是怎样一个处境。很不幸，他的担心日后却成为现实。

离别的日子终于到来了，史书没有记载夫妻最后诀别的场景，不用说，读者诸君也能猜到必定是痛断肝肠，此情此景，恐怕是泪点超高的人也不能铁石心肠、无动于衷。夫君走了，她将一个人面对这悲苦的世界。果不其然，宪宗登基后，在议上两宫太后尊号时候，太监夏时要传谕独尊周贵妃为太后，多亏了当时正直的大学士李贤和彭时的力争，才给钱太后上了慈懿皇太后的尊号。后来钱太后的日子并不好过，因为她力争维持明宪宗皇后吴氏的地位而得罪了皇帝，于是更加被这个名义上的儿子所冷遇。在郁郁寡欢和对夫君的思念中度过了四年以后，一代贤后钱太后故去。为了她身后与先皇的同葬问题，宫中又闹出了一起大事件，也就是历史上的文华门哭谏事件。在群臣的压力之下，这位心机极深的周贵妃表面上输给了群臣，被迫同意钱太后与英宗合葬。暗中却让人捣鬼，故意在墓道的修建上做了手脚，堵住了钱太后和明英宗相通的墓道。一对生前恩爱的夫妻死后却因为妒妇的作梗而未能同穴。

这正是：

贤良淑德本无双，母仪天下堪榜样。

谁道皇家无真情，却看伉俪美名扬。

朱祁镇的七年南宫软禁岁月

明英宗朱祁镇在成为瓦剌人俘虏之后，也先喜出望外，从而有了更大的野心，他要率军南下，一举拿下北京城，恢复大元帝国昔日的辉煌！

明朝方面，在得知皇帝被俘，五十多万大军全军覆没的消息后，举国震动。有人建议迁都南京，不过朝廷上下的抵抗派最终还是战胜了投降派的意见。就这样，由孙太后下旨，朱祁镇唯一的弟弟郕王朱祁钰成为监国，在打败瓦剌军，取得了北京保卫战胜利后，朱祁钰又正式登基为帝，是为景泰帝。

正因为明朝上下的坚决抵抗，也先手中的人质朱祁镇才成为累赘，起不到任何胁迫明朝的作用。也先只好做个顺手人情，将朱祁镇放回明朝。

得到了皇兄要回来的消息，朱祁钰心中可谓五味杂陈，一开始，他不想当这个皇帝，可是取得北京保卫战胜利之后，他的皇帝越做越滋润，再也不想从这个位置上下来了，这就是权力的魔力。

如今皇兄回归，虽然他已经是太上皇了，可是毕竟他在朝中拥护者甚多。这对自己的皇位可是莫大的威胁。想到此，朱祁钰决定对大臣们提出隆重迎接太上皇的仪式不予批准，他只安排接驾轿子一乘，在居庸关迎接。景泰元年（1450）八月十五日，整整当了一年俘虏的朱祁镇终于回到了北京城。他在东安门见到了前来迎接的新任皇帝朱祁钰，兄弟二人手拉着手，泪眼相对，相互之间说了不少谦逊客气的言语。其实，朱祁钰心中明白，这些都是做给外人看的而已。所谓的"兄弟友爱"背后，更多的是权力的博弈。

一番兄恭弟让的表演之后，朱祁镇被皇弟送入了南宫崇质殿。南宫也就是延安宫，今天此处宫殿已不存。它的主体建筑是崇质殿，因为以黑瓦覆盖，所以俗称作黑瓦殿，因为它在皇城的南边，所以称作南宫。

南宫本是宫内一处偏僻的所在，多年不住人，已

第四章 明英宗朱祁镇

使得这里荒草丛生。不过，朱祁镇还是幸运的，因为他有挚爱他的妻子钱皇后的陪伴。这位曾经的天子，紫禁城的主人，此刻只能忘记他曾经拥有的一切，安安稳稳地和妻子过着平凡而寡趣的生活。南宫的生活虽然艰苦，有时候必需的生活用品也不能及时保证，钱皇后亲自做些手工活，换取一些吃穿用品。

景泰元年十二月，朱祁钰驳回了大臣们明年元旦在延安门朝拜太上皇的请求，即使朱祁镇已经一无所有，他依然不放心，他要彻底抹除太上皇在群臣心目中的记忆，一点都不剩！

朱祁钰决定让自己更放心一些，为此，他专门精挑细选，安排了一些对太上皇不满的宦官来侍奉自己的这位皇兄。还有大批的锦衣卫人员将南宫团团包围，表面上他们是负责太上皇的安保问题，实则是担任监控耳目，太上皇一有风吹草动，他们就要及时报告皇上。

就这样，朱祁钰还是不放心，他下令将南宫大门的锁孔浇注铁汁，而且只开一个小洞口给南宫内供应食物，就这样，南宫内的食物还不能完全保证。更加过分的是，他还下令砍伐了南宫周围的大树，一夜之间，南宫周边变成了光秃秃的一片。理由竟然是大臣高平提出，南宫周围树木茂密，便于隐藏奸细！兄弟之间到了这种地步，已经无话可说了，什么亲情，都在权力面前变得不名一文！太上皇朱祁镇变成了高级囚徒，随后的一件事情，还差点让这个囚徒丢了命。

在侍奉朱祁镇的宦官中，有一名叫作阮浪的少监。阮浪对太上皇的境遇非常同情，他尽心尽力地侍奉太上皇，并且还时常说些家长里短逗朱祁镇开心。

就这样，朱祁镇和阮浪之间关系越来越近。作为一个失去权力的囚徒，朱祁镇没有什么珍贵的东西可以赠给这位忠心的奴仆。他解下自己随身佩带的一个金绣袋和镀金刀，赠给了阮浪。阮浪收到礼物，却没有太珍惜，他随手将东西送给了自己的朋友王瑶，王瑶又转手送给了卢忠。

卢忠是锦衣卫小官，他人品不正，觉得正好可以用这两样东西为自己的仕途铺垫道路，以便于高升。于是，他带着这两样东西，作为证据，举报太上皇要收买勾结阮浪和王瑶复辟。阮浪和王瑶被下狱严刑拷打，可是他们紧咬牙关，不肯吐出诬陷太上皇的一个字，最后，他们以自己的生命保全了太上皇朱祁镇。

这次金刀案的发生，差点让朱祁镇丢失性命，他开始从内心深深恨透了这个步步紧逼的弟弟，他不甘心坐以待毙，不过，他也只能期待奇迹的发生。按照朱祁钰现在的年龄来看，要等到他自然死亡，可谓遥遥无期。而朱祁钰在世一天，朱祁镇也只能终身住在这死气沉沉的南宫。

谁也没有想到，奇迹还是来了。

夺门之变

景泰八年（1457）正月，年纪轻轻的朱祁钰病重不起，石亨得到皇帝的召见，目睹了皇帝已经病入膏肓。他找到宦官曹吉祥和左副都御史徐有贞，三人一起谋划组织一场政变，拥立太上皇复位，这样，三人就可以建立不世之功。

曹吉祥联络宫中的孙太后，并取得了孙太后的支持。徐有贞夜观天象，决定于正月十六日夜发动政变。因为石亨掌握着皇城的钥匙，徐有贞等人率领的大队人马得以顺利从长安门进入皇城。

进入紫禁城之后，徐有贞将大门再次锁住，防止外面的援兵进入，然后又把钥匙投入水中，表示不成功便成仁之志。就在这时，天空突然乌云密布，伸手不见五指，众人担心天意示警。精通天象的徐有贞劝说大家不要慌张，大事必成。

众人心中稍微安定，一起来到了南宫门前。南宫宫门坚固，一时间难以进入。石亨派人以巨木拴在绳子上，数十人一起撞击大门。大门没有被撞开，旁边的墙反而被震开了一个大洞。众人从此洞一拥而入。朱祁镇被惊醒，他以为是弟弟朱祁钰派人来杀害自己，惊恐不已。当得知了真相后，他对着一起跪倒，连呼万岁的众人说："莫非你等要请我复位，这可要慎重！"

这时候天象也配合，一片乌云散尽，天空中月朗星稀。众人情绪空前高涨，大家一起拥着朱祁镇奔向大内皇宫。路上，朱祁镇边走边问这些拥立自己的"功臣"姓名，以表示不忘功勋之意。

一行人来到了东华门，守门士卒前来盘问。朱祁镇厉声呵斥，将士卒斥退。众人进入了奉天门，簇拥着朱祁镇坐上了奉天殿的御座。殿上武士们不认识徐有贞，挥舞金瓜要打他，被朱祁镇及时制止。徐有贞等人一起跪倒，高呼万岁。石亨敲响了钟鼓，召集群臣前来。

本来，朝臣们因为之前皇上朱祁钰说要临朝，早早在午门外等候，大家进入奉天门之后，发现御座上的皇帝换了人，竟然是太上皇朱祁镇，众人惊讶万分，面面相觑。这时候，徐有贞站出来高声大喊："太上皇复辟了！"朱祁镇随即对百官宣称景泰帝病重，众人拥立自己复位，各官见此，纷纷跪倒参拜。就这样，被幽禁了七年之久的朱祁镇又重新登上帝位，改年号为天顺。

朱祁镇在重新登上帝位之后，励精图治，先后除掉了"夺门"功臣石亨和曹吉祥，平定了曹钦之乱，将一个完好无缺的江山交给了儿子朱见濡。

第五章　明代宗朱祁钰

——力挽狂澜，身后凄惨

朱祁钰，属猴，庙号代宗，年号景泰，在位七年，生于1428年，卒于1457年，享寿三十岁。他是明宣宗朱瞻基的次子，母亲是吴贤妃。母亲吴氏在朱瞻基还是皇太孙时，就在他身边侍奉，后来为他生下了二儿子朱祁钰。庶出而且不是长子，作为大明皇室的成员，皇位本来跟朱祁钰无缘。他的前半生轨迹也大致是沿着一个逍遥王爷的路线在前进。皇兄朱祁镇登上皇位后，册封他为郕王，本来他也要跟其他亲王一样，等着皇兄册封他一块地方，然后就去做逍遥王爷，在吃喝玩乐中了此一生。可是，一个突发事

第五章 明代宗朱祁钰

件,终究改变了他的命运。朱祁镇在土木堡战败,成为瓦剌人的俘虏。国家危亡之际,二十二岁的监国朱祁钰成为朝廷的主心骨。国家危亡,国赖长君。在军民一致团结抗战下,朱祁钰率领明军击败了瓦剌人的进犯,取得北京保卫战胜利。皇位安稳之后,朱祁钰眷恋权力,苛待回朝的太上皇朱祁镇,并改立自己儿子为太子。他在位期间多有兴革,兴修水利、改革军

朱祁钰

制、发展经济，取得了一系列成绩。他的结局是可悲的，因为病重，徐有贞等人乘机拥立太上皇复辟，发动了夺门之变。夺门之变后，朱祁钰病死，他的帝号被朱祁镇废除，以亲王之礼葬在了北京西山。直到弘光帝即位后，才给他上庙号为代宗，大明王朝总算多多少少还了他一个公道。

要说起，这位幸运成为紫禁城主人的皇帝，他在登基之前还经历过一场朝堂大变故呢，这场大变故也载入了史册，令人惊叹不已。

血溅左顺门——突如其来的朝堂杀人事件

正统十四年八月二十三日，郕王朱祁钰来到了午门旁边的左顺门召见群臣，要跟大家一起共商国是。左顺门始建于永乐十八年（1420），乃是午门内东庑正中之门，在明朝，这里发生了很多重大事件，从某种程度来说，也是政治动荡之地。

之前刚刚不久，京城中接到了土木堡之变的噩耗，得知皇帝被俘虏，京城上下一片惊恐。很多大臣不便于直接指责明英宗的失误，将罪责全部推到了司礼监太监王振身上。

第五章 明代宗朱祁钰

这天的朝会，都察院右都御史陈镒首先发难，弹劾王振及其党羽祸国殃民，导致了国变。紧接着，六科给事中和十三道监察御史跟着上疏，要求清算严惩王振一党。朱祁钰也没有想到，今天群臣会突然提出严惩王振余党，他之前是藩王，并没有什么政治经验，突然要面对这样严重的政治问题。他有些手足无措，只好搪塞道："你们说得很好，朝廷自有处置。"说完，朱祁钰起身就朝左顺门内走。

群臣此刻的情绪已经异常激动，他们眼看着郕王要闪，哪里肯罢休。大家一起跪倒边哭边说："圣驾受难，都是王振所导致。今天殿下如果不速速决断，何以安慰人心？"没想到，看到群臣这番表态，旁边有一人早就按捺不住，跑出来大声斥责群臣："王振为国，已经死于土木堡，你们还要怎样？"

此人正是锦衣卫指挥使马顺，他之前跟王振关系密切，也可以说是王振的同党。群臣此刻情绪已经到了爆发的临界点了，马顺不合时宜地跳出来，正好成为大家发泄愤怒的最好对象。

给事中王竑首先一跃而起，死死地抓住了马顺的头发，并且不断地用另一只拳头猛捶马顺，边捶还边骂道："马顺，你这个王振同党，你的主子完了，你还敢如此猖狂！"

王竑越骂越气，突然用嘴咬住了马顺身上的肉，马顺一声惨叫。马顺毕竟出身武将，他不甘被打，用拳头不断击打王竑，予以还击。眼看王竑就要吃亏，众臣一起冲了上去，将马顺团团包围，大家左一拳右一脚，对马顺拳打脚踢。就是马顺三头六臂，此刻也全然没有了施展之处。这些平时看似文质彬彬的文臣，怒火已经燃烧，大家将愤怒化作了力量，一阵拳打脚踢之后，马顺已经变成了一具尸体，血溅当场。

郕王朱祁钰哪里见过这场景，他惊得目瞪口呆，半天没有回过神来。直到太监金英在他旁边说，殿下请立即回宫。这时候，兵部尚书于谦冲上前来，一把抓住了郕王的袍袖，恳切地说："今日之事都是大臣们出于义愤，大家要清算王振余党，为了大明的稳定，请殿下主持公道！"郕王见今天的局面已经失控，为了安抚激愤的群臣，他只好对于谦的建议表示赞成。

郕王朱祁钰这才得以脱身，回到宫门内。没有想到，宫门外，大臣们再次喧哗起来。朱祁钰派出金英询问群臣，群臣要求将宫内王振的另外两个余党，也就是宦官毛贵和王长随交出来。朱祁钰只好将二人从宫门缝中推了出来。

群臣见了这两人，犹如狮子搏兔，三下五除二，一阵捶击，将这二人打得脑浆迸裂而死。群臣打死马顺等三人，还不解恨，拖着他们的尸体，到了东安门外示众。朱祁钰还顺应了百官的意愿，将王振侄子王山捉拿并处死，将王振家财抄没。就这样，才最终安抚了群臣的情绪。

左顺门事变之后，朱祁钰被孙太后下懿旨扶正为正式皇帝，他代替皇兄，成为新一任天子。

午门廷杖大臣，只为易储之怒

朱祁钰在取得北京保卫战胜利之后，也牢牢坐稳了皇帝的宝座。太上皇朱祁镇虽然回朝，却被他幽禁在了南宫，一步也不能外出，完全成为高级囚徒。但是，朱祁钰还不甘心，因为现在的太子还是朱祁镇的儿子朱见深（后来改名为朱见濡）。哪里有叔叔当皇帝，侄子做太子的道理，朱祁钰不仅想自己做一辈子皇帝，还想将帝位传给子孙万世。于是，他有了易储君的想法。

朱祁钰先试探了大太监金英的意见，出乎意料的是，金英表示坚决反对换太子。朱祁钰无奈，只好花钱行贿内阁大臣们，一番努力之后，终于在景泰三年（1452）四月，通过廷议，最终确定了易储君之事。

可是，就在这年五月，发生了一件奇怪的无厘头事件。五月初一日，内廷按照事先的安排，在奉天门摆设香亭，为了第二天即将举办的册立太子大典做准备。就在大家一片忙碌之际，突然闯进一个男子，手拿一根红色木棍，跑到了香亭前，口中还念念有词："先打东方甲乙木。"边说边对着香亭一阵乱打。宦官们连忙冲了上来，七手八脚将男子按在当场。

朱祁钰得知此事，心头一震，男子说先打东方甲乙木，按照八卦之说，震卦甲乙木正好位于东方，他这是冲着册立东宫之事而来的。朱祁钰将男子交给锦衣卫严加审理，册立东宫大典如期举办。

就这样，太子由朱见深变成了朱祁钰的儿子朱见济。

没想到，小太子命薄福浅，当了太子第二个年头就夭折了。朱祁钰伤痛万分，偏偏这时候有两人上疏

第五章　明代宗朱祁钰

劝说皇帝再次册立朱见深为太子。这两人分别是监察御史钟同、礼部郎中章纶。章纶的奏疏中有一句话尤其让朱祁钰愤怒："太子薨逝，乃是天命所在。"合着小太子夭折，这是天意？！朱祁钰再也控制不住心中的怒火，下令立即逮捕章纶和钟同。当时夜已深，宫门关闭了，朱祁钰就命人从门缝中传旨，立刻捉拿二人进诏狱关押审讯。

景泰六年（1455）八月，南京大理寺少卿廖庄来到东角门觐见皇帝，朱祁钰看到他，突然想起了几年前，他曾经上过一道要求复立朱见深为太子的奏疏，不禁勃然大怒，下旨将他推出午门，廷杖八十，贬为定羌城驿驿丞。朱祁钰的怒火还没有平息，他又想到了关押在诏狱的章纶、钟同，又下旨将他们各自廷杖一百，结果钟同当场死于杖下，而章纶命大，被重新关进了监狱。

这廷杖究竟是何种刑罚，有如此杀伤力？

廷杖的地点一般在紫禁城午门之外，有明一代，大概在午门廷杖官员五百余次。成化朝有过文华殿实施廷杖的记载，南京在成化和正德两朝有过两次廷杖御史的事件。廷杖虽然没有列入《大明律》明文律令，但也有一套程序所在。廷杖由皇帝下令，司礼监出帖并加盖印信，刑科给事中签批，厂卫人员负责抓人，锦衣卫执行廷杖。执行廷杖是个技术活。那些行刑者需要经过严格训练，他们先捆扎两个草人。一个中间填砖块，一个用纸张包裹在外面，然后都给他们穿上衣服。然后用大棍开打，打在包着砖的草人上面看起来非常轻巧，可是打开草人衣服一看，里面的砖石却已经粉碎了。打在纸包裹的草人上面，看起来很重，但是纸张却丝毫无损。只有达到这样的境界，才能入选廷杖的行刑者。廷杖之时，一般由锦衣卫官和司礼监太监一起监刑。行刑的轻重完全要看他们的眼色和暗号行事，如果监刑官脚尖张开，其意即为"用心打"，受刑者并无性命之虞；如果监刑官脚尖闭合，意为"着实打"，则受刑者必死无疑。廷杖之前，先要宣读皇帝诏书，然后由一人用麻布兜，把受刑者从肩脊之下绑住，使其动弹不得；另有一人绑住受刑者双脚，向着四方牵拽。受刑者的臀部和大腿露在外面，头和脸都跟地皮"亲密接触"，口中塞满了尘垢。崇祯时候，姜埰受到杖责，头和脸着地，施刑之杖几次被打折，最后他昏迷不醒。在万历朝夺情事件中，

第五章 明代宗朱祁钰

受到杖责的吴中行，被医生剜去几十块腐烂的肉，大的如手掌般大小，整个大腿上的肉几乎被剜空，才侥幸保得性命。

明代廷杖制度对整个明代政治影响深远，它反映了明代君臣关系的激烈冲突。各次廷杖除去皇帝为了强行实现自身意志之外，意气之争也是导致君臣关系冲突的重要原因，在这方面，大臣们也要负相当一部分责任。

为了易储君的事情，朱祁钰和部分文臣闹得不可开交。偏偏他的皇后汪氏也劝说他不要废黜朱见深的太子之位，让他格外光火，最终做出了废后之举。

紫禁城女主人的坎坷人生

汪皇后是北京顺天府人，家族世代为下层武官。她在十七岁那年，也就是正统十年（1445）八月，嫁给了郕王朱祁钰为妃。汪妃深知礼法，非常贤惠，明英宗的母亲孙太后非常喜欢她。如果不出意外，她跟朱祁钰会像大明其他的亲王一样，被皇帝兄长封藩外地，然后一辈子逍遥快活，做个享福的王妃。但是命运的安排改变了她跟丈夫朱祁钰的一生。

正统十四年（1449），土木堡之变，御驾亲征的明英宗朱祁镇被俘。国不可一日无君，在此国家危亡时刻，在众人的拥立下，朱祁钰继位为帝，是为明代宗。王妃汪氏也被册立为皇后，正式成为紫禁城新的女主人。

土木堡之变后，瓦剌军攻击北京城，军民死伤甚多，根本来不及掩埋，以至于露尸城外。贤德的汪皇后心有不忍，命令将校们去掩埋安葬，还劝说皇帝设斋醮为他们超度。

作为一国之母的汪皇后主持内宫事务，井井有条，并且在丈夫朱祁钰最困难的时候予以支持和帮助，为他省去了很多后顾之忧。作为一个皇后，她是称职的。汪皇后没有为朱祁钰生下儿子，她生了两个女儿。其中一个被封作固安公主，另一个封号不详。

朱祁钰得来皇位有很大的偶然成分，本来众人拥立他时，他还有拒绝之举，等打退了瓦剌人，自己的功绩也得到了臣民的认可之后，他的心态开始变化。他不仅想自己当皇帝，还要把皇位传给子孙后代。他的这个想法直接导致了他跟汪皇后的激烈冲突。

景泰三年（1452），朱祁钰想废掉原先孙太后立的太子，也就是自己的侄儿朱见深，改立自己的独子朱见济为太子。他跟汪皇后商议此事，想事先取得皇后的支持。哪承想，汪皇后听闻此事，竟然极力反对。不但如此，在夫妻争执之时，汪皇后竟然提出朱祁钰应该归政于兄长朱祁镇。这深深触怒了朱祁钰。狂怒之下，朱祁钰废了汪皇后的皇后之位，另立杭氏为皇后。

其实汪皇后反对改立太子既是为了朱祁钰，也是为了朝政稳定。她不想看到朱祁钰在权力的魔咒中越走越远，兄弟之间的矛盾进一步加深只能对国家稳定不利。况且皇位本来就是朱祁镇的，他并未有失德之处，土木堡之败也不完全是他一个人的责任，毕竟他也是为国家的安全亲征被俘的。现在他回来了，已然是太上皇，如果再改立太子，于道义上也是说不过去的。可是丈夫朱祁钰已经被权力蒙蔽了双眼，她这番出于大局考虑的劝告最终使得夫妻反目。

世事多变，景泰八年正月，一班投机分子拥立朱祁镇复位，是为夺门之变。朱祁钰随之病重身亡，而汪氏又被明英宗降为郕王妃。英宗拟定的为朱祁钰殉葬的名单里面也有汪氏。这时多亏李贤和英宗的钱皇后等人力劝，才使得英宗改变了主意。汪氏当初在做皇后时候善待南宫幽禁的钱皇后，还有反对废太子朱见深，这些善举都为她幸免于殉葬打下了基础。

明英宗同意汪氏搬回原先郕王府邸居住。幽居的生活倒也安逸。这天，明英宗突然想起自己有一个玉玲珑的腰带不见了。经询问，太监刘恒告诉他是汪氏拿走的。英宗命人去找汪氏索回。汪氏的真性情又一次得以体现。她生气地把玉玲珑腰带悄悄扔进井里，然后对来人说："那腰带找不到了。"来人无奈只好回报。待来人走后，汪氏生气地跟身边人说："我夫君好歹也当了七年天子，也有功劳，难道这几片玉都不能拥有吗？"后来这话传入了英宗耳中，惹得他大怒，派人追索了汪氏从宫中搬出的时候带走的所有财物。

朱见深继位后，他与母亲周太后感念当年汪氏反对废太子的恩情，待汪氏非常好。在朱见深的主持下，已经降为固安郡主的汪氏长女得以出嫁。而且他们还经常把汪氏接入宫中问寒问暖，聊聊家常。

这样汪氏晚年的生活还是很幸福的，她一直活到了朱祁镇的曾孙朱厚照在位的正德元年，才安然病逝，享年八十岁。好人长寿，一代贤后汪氏的经历坎钰，她是真性情的女人，她始终有颗善良的心，能坦然面对人世沧桑，这也是她得以高寿的重要原因吧。

朱祁钰驾崩之谜

代宗朱祁钰在励精图治之余，也有丰富多彩的宫廷生活。他驾龙舟饮宴，有时候也会搞一下恶作剧，将银豆和金钱撒在地上，看着宫女和宦官们争相拾捡，以为乐趣。为了诞生子嗣也为了享受，朱祁钰还命太医院的御医给他调制"淫药"，这在某种程度上，也大大损害了朱祁钰的身体健康。

话说夺门之变发生的那个凌晨，朱祁钰正躺在病榻之上，听到奉天门方向传来的钟鼓声，他心知不妙，朝中一定是发生了大变故。他脱口问了一句话，这句话让旁边人震惊，当然也让所有人震惊："是于谦吗？"

难道，这就是那个对于谦无限信任的景泰皇帝？于谦生病了，他可以亲手为他采集竹沥做药引子。在政变之时，代宗第一个怀疑的人竟然就是于谦！帝王心术，深不可测！为于谦发一声叹，为景泰皇帝更是无限叹息。当旁边的人告诉他是太上皇时，朱祁钰反而释然了,连说了三声好。是的,他太累了,防皇兄防了七年,最后一刻,大意失荆州。终于,一切归零,朱祁钰心里五味杂陈,也许一瞬间,他心里后悔没有痛下狠心,杀掉自己的皇兄。

政变的消息对朱祁钰打击沉重,对他的病情来说也是雪上加霜。虽然,之后,他暂时有过好转,但是终究因为病入膏肓,最终在政变将近一个月后,凄凉离世。

嘉靖年间的陆釴在《病逸漫记》中提到了景泰帝之死的一个内幕:景泰帝是被宦官蒋安用帛勒死的。只可惜,这是孤证,除了这本书,没有其他任何史料有过这种记载。且不说蒋安此人,各种明代史籍中无记载。就说如果真是这样,当时秘事,案发现场难道还有第三双眼?更奇怪的是,近百年后的陆釴又是从何得知?

总之,朱祁钰到底是自然病逝还是被人谋害,这成了千古之谜,留给后人无限遐想的空间。

第六章　明宪宗朱见深

——垂拱而治、有为之主

朱见濡，初名朱见深，属兔，庙号宪宗，年号成化，在位二十三年，生于1447年，卒于1487年，享寿四十一岁。父皇朱祁镇出征瓦剌之际，朱见深才刚刚两岁，皇帝出征，自然要做好安排。才两岁的朱见深被立为太子。随着父皇在土木堡被俘虏，朱见深的命运也发生了翻天覆地的变化。皇叔朱祁钰登基为帝，将朱见深太子位废黜，废为了沂王。随着朱祁镇的成功复辟，朱见深再一次成为太子，这时他已被父皇改名为朱见濡。父皇驾崩后，留给他的江山看似太平，实则暗流涌动。他即位后不久，广西大藤峡瑶人、四川山都掌蛮、荆襄地区流民相继叛乱。

朱见濡任命将士，相继平定叛乱，并改革了团营之制。同时，他还重用宦官汪直开设了西厂，并沉重打击了建州女真势力。他安抚流民，平反了于谦冤狱，恢复了景泰帝帝号，一时间广得人心。朱见濡在位期间，天下水旱灾害不断，他蠲免救济，完善社会救济制度，安定了社会。朱见濡的统治风格是"垂拱

朱见深

第六章 明宪宗朱见深

而治",虽然很少上朝和接见大臣,但是依靠内阁和司礼监两大辅政工具,天下依然治理得井井有条。可以说,朱见濡是一代有为之主。他虽然宠幸万贵妃,但是那更多是出于真爱,而并非"妖妃乱政"。不过,他在位期间,沉溺佛道,重用一批奸佞,随意传奉官员,也给政治增加了不少负面影响。

天顺八年(1464)八月二十二日,朱见濡即位七个月,刚刚册立才满一个月的吴皇后已经被皇上废除名号,移居到了别馆。消息传出,举朝震惊。要说起废后事件,就必须先讲述一位传奇贵妃的故事。

被后世妖魔化的万贵妃

漆黑的夜,呼啸的寒风无孔不入地吹进紫禁城的每个角落。殿内取暖的炉火已经熄灭多时。

"万姐姐,我好冷。呜呜呜……"一个五六岁的孩子被冻得紧紧缩成了一团。"别怕,有姐姐在。"说话的是一个宫女,她有二十二三的年纪,并不是什么绝色美人,只能说清秀端庄。她秀目上噙着泪水,紧紧抱着孩子,用自己的体温来温暖他。

她心想:"好可怜的孩子啊,要知道他也曾经是太子呢，怎么就沦落到今天这个地步了。"两人实在冻得受不住，于是这位宫女起身跟殿外的值夜太监说："劳烦公公通禀一声，冬日实在严寒，小皇子受冻不过，请添一些炭火可好？""滚！你们啊，过了今日没有明日的东西，冻死了也是活该。"太监怒声呵斥。

"哐当！"一声，殿门关闭，无尽的黑夜，从殿中传出了一个女人和孩子绝望的哭声……他们哭累了，迷迷糊糊之中，忽然殿门开启，一队锦衣卫士卒冲门而入，小皇子被惊醒，赶紧躲在了宫女身后。锦衣卫的士兵冲上来就要抓孩子，小皇子大喊："万姐姐救我，皇叔要杀我。"万宫女用身体拼死护住小皇子，怒斥道："你们谁敢，先杀了我再说！"只见一个士兵手拿利刃，猛地一刀正中万宫女的小腹，鲜血喷涌而出。"啊！爱妃，你别丢下朕。"安喜宫中被惊醒的皇帝朱见深，眼角还挂着泪水，像个孩子一样紧紧把头埋在万贵妃怀中。万贵妃轻轻拍着朱见濡："别怕，有臣妾在，谁也不能伤害皇上。"朱见深在万贵妃的轻抚之下，终于沉沉睡去。

朱见濡在登基之后，也不记得有多少次从这样的噩梦中惊醒。童年的那段经历对他来说真的是刻骨铭

第六章 明宪宗朱见深

心,他常常想,在自己生命中最艰难的那段日子里,如果没有万贵妃的陪伴,自己是不是早就去了另一个世界。他在登上皇位的那一刻就暗中发誓一定要好好对待万贞儿,他是这么想的,也用自己的一生兑现了承诺。

万贵妃本名不详,世人多称其为万贞儿。山东青州诸城人,父亲万贵本是一个小吏,因为犯了错误被谪,编户霸州。当时的万贞儿只有四岁,被选入孙太后宫中为奴婢。聪明伶俐、乖巧懂事的万贞儿被孙太后所赏识,于是十九岁的万贞儿被派去照顾当时年仅两岁的皇太子朱见深。当时明朝经历了建国以来最大的危机,土木堡之变中御驾亲征的明英宗朱祁镇被俘,朝中无主,乱作一团。在孙太后和一帮文臣的拥立下,郕王朱祁钰被立为皇帝,即为历史上的明代宗。明代宗朱祁钰称帝之后,在于谦等人的协助下打赢了北京保卫战,击退瓦剌,为自己赢得了极高的声望。水涨船高,朱祁钰觉得自己称帝已经不能满足权力欲,他不顾群臣的反对,立自己的亲生儿子朱见济为太子,原太子朱见深被废为沂王。

落架的凤凰不如鸡,太子一夜之间变成亲王,而且皇叔朱祁钰对自己这个侄儿也百般刁难,名为亲王,实同软禁。没有自由，没有优厚的待遇，受尽了太监宫女的白眼，在那段最艰苦的日子里，只有比他大十七岁的万贞儿不离不弃地照顾他、保护他。她的身份像是他的姐姐，甚至像他的母亲，用母性的关爱无微不至地温暖朱见深那颗冰冷的心。在长期的相处中，随着年龄的增长，朱见深对这个比自己大十七岁的万姐姐产生了男女之间的情愫。从人性的角度可以理解，面对一个长期用心照顾爱护自己的女人，只要不是铁石心肠的人，都不会无动于衷的。朱见濡继位为帝，他在位的二十三年始终如一地跟万贞儿相爱相守。如果不是碍于舆论和朝臣、母后的压力，也许朱见濡就要立万贞儿为皇后了。他把除了皇后之位以外最尊贵的位置——皇贵妃，给了万贞儿。一个皇帝能始终如一地爱着比自己大十七岁的女人，这本身就是值得我们称赞的挚爱真情了，这种忠贞不贰的爱情真的让人感动。可是问题来了，如此一位万贞儿，怎么就在历史上被后人恶评如潮，以至于五百年后的诸多影视作品中，每当万贞儿出场都是一副妖妃恶女的形象呢？

按照清朝所修正史《明史》的说法，万贞儿毒杀明孝宗之母纪氏，并且大肆迫害宫中有孕的嫔妃和她

第六章　明宪宗朱见深

们所生的皇子，活生生一个明代版的"燕啄皇孙"的赵飞燕、赵合德姐妹再世。我们拿史料《明宪宗实录》来对照《明史》，会发现很多万贵妃为恶，迫害嫔妃皇子的说法在《明实录》上是根本没有提及的。要知道《明宪宗实录》是继位的明孝宗朱祐樘下旨所修，如果万贵妃真有如此恶迹，明孝宗岂能放过这等机会。再提到万贵妃毒死朱祐樘的生母纪氏更是无稽之谈了。各位试想：如果新皇帝的生母真的是万贵妃毒死的，朱祐樘最起码的报复也是要鞭了万贵妃的尸，夷了万贵妃的三族吧。可是与之相反，在继位后，面对有些大臣提到要整治万贵妃一族的奏请，明孝宗是不闻不问，如果真的有杀母之仇，以孝著称的朱祐樘岂能放过？参看一下，宋仁宗赵祯知道了自己的身世之谜以后，怀疑杀害自己母亲的是刘娥刘太后以后，就打算灭族刘氏的故事，就知道要杀了皇帝的生母是一个什么下场了。

那我们来看这些指控万贞儿的说法出自哪里。首先是万历年间的大学士于慎行写了一本名为《谷山笔麈》的野史笔记。他在此书中最早提出了万贵妃种种为恶害人之事后，却又加了一句"万历十二年一老中官为于道说如此"也就是说了那么多故事,包括我们熟知的朱祐樘幼年传奇故事以后,他告诉人们以上所有的故事我是道听途说,从一个老年宦官得来的。

于先生自己都说了,这些只是小道消息,为了吸引人,各位看官不要当真。跟他同时代的沈德符在他的书里就提到这个事情说:"于慎行讲到的这些故事都是从宦官口中传来的,要知道这些宦官口中的关于前朝的传闻,十句有九句都不靠谱,真是可笑得很啊!"仔细想想也是,一个万历年间的老宦官讲述了这个距离自己时代一百多年的小道消息,可信度可想而知。

顺便提一句,那本堂而皇之列入二十四史的清修《明史》真的是错讹之处太多。就拿朱祐樘身世来说,《明史》说照顾小皇子朱祐樘的太监张敏在皇子身份公之于众的时候,为了防止万贵妃报复,害怕得吞金自杀。这就是明显的谎言。实际上张敏一直好好地活到了成化二十一年(1485)才病死,而且他的死跟太监同行怀恩的指责有关,并不是自杀。如果仔细翻翻杨继宗的传记也知道,张敏跟张庆也曾经跟这位杨清官有过过节呢。可惜的是后人以讹传讹,把一个名声并不太好的太监吹成了为保护皇子自杀的贤宦,怎么看

第六章　明宪宗朱见深

都有点"狸猫换太子"那个桥段里面的宦官陈琳的影子。

后来编修明史的清初学者毛奇龄拿那些野史小段子编了一本名为《胜朝彤史拾遗记》的小册子。里面关于万贞儿的段子很多都来自于慎行的书，更可怕的是这本小册子后来竟然被不加分辨地直接引用到了《明史》的后妃传里面，于是就出现了万贞儿迫害明孝宗生母的说法。

成化朝大学士商辂在他的奏疏中曾经提到：万贵妃在宫中全心全意养育朱祐樘，天下的臣民听说了都纷纷赞扬贵妃的贤良，因为最近皇子生母纪氏在宫外生病，一直没有跟皇子见面，请皇帝允许让纪氏搬进宫中就近居住，以便于母子相见，皇子仍然委托万贵妃照料起居。我们仔细翻看实录，发现万贞儿曾经在宫中养育朱祐樘达数月之久，而且被大臣们所称颂，如果她想害死朱祐樘只不过是信手拈来之易事，再说当时纪氏已经重病在身，两个月后是自然病死，并不存在毒杀之事。再说万贵妃要杀一个病得快死的并不受宠的纪氏又有何用？

再说万贞儿迫害怀孕嫔妃和皇子的说法。先不说如果真的万贞儿这么做了，庞大的后宫群体怎么可能都蒙在鼓里，任其胡作非为，光是外廷言官的口水，就足够淹死万贞儿了。更何况还有一位看不惯万贞儿的周太后，随时在盯着万贞儿。万贞儿自己生育过一个孩子，她是高龄产妇，所以皇子夭折了。但是并不代表她一定要把这种丧子之痛加在别的嫔妃身上。再说迫害皇子对她又有何好处。她自身已经年届四十，在古代已经是基本上无法生育的年龄，她就是把所有皇子都迫害死，她自己还能再生一个皇子继位为帝吗？从逻辑上是根本分析不通的。

既然对万贞儿的两大指控都不成立，那为什么世人还要黑这个无辜的女子呢？理由有以下几点：首先，一个比皇帝大十七岁的女人得宠，让很多人看不惯，其中有皇帝生母周太后，后宫的其他嫔妃，朝中的文官集团，他们出于各自的利益，集中火力对付万贞儿，就是要把这个他们认为不符合纲常伦理的"不伦之恋"给无限度地抹黑。

其次，清初人的编修明史的思想，一切能拿来丑化明朝皇帝的史料都要为他们所用，一个皇帝不顾一切地爱恋比自己大十七岁的女人，这是一个再好不过的黑材料了，于是出现了各种对万贞儿的丑化，那爱

第六章　明宪宗朱见深

上这么一个女人的皇帝朱见濡自然也不是好东西，顺便也达到了黑皇帝的目的，他们何乐而不为？

最后，万贞儿得宠后，她的兄弟万通确实仗着姐姐的恩宠在民间胡作非为，跟徐达的妻子（注：此徐达非明朝开国功臣徐达，重名而已）玩起了婚外情并且收受贿赂，很大程度上万通在外的所作所为败坏了姐姐万贞儿的名声。

讲述了万贵妃的故事，我们再来看看吴皇后被废事件，这件事切切实实跟万贵妃脱不了干系。

朱见濡废后事件

明英宗朱祁镇还在世时，就张罗着为太子朱见深择偶，宦官奔赴各地，精挑细选了十二名优秀女子，再经过朱祁镇亲自甄选，最后选定的是王氏、吴氏、柏氏三人。朱祁镇对三人之中的王氏最为满意，准备册立为皇太子妃。但是不巧的是孙太后和英宗先后去世，这事就拖延了下来。宫内传出风言风语，说太后和皇上离世与王氏入选有一定关联，是她给皇家带来了不幸。宪宗朱见濡的生母周太后又下旨为皇帝重新择配。负责选后的太监牛玉接受了吴氏父亲吴俊的贿赂，然后他极力说服了周太后，最终确立吴氏为皇后。

宪宗朱见濡在废后诏书中，提到了废后的两条理由：一是吴氏德行不够，不具备做皇后的资质；二是英宗生前就已经选定王氏，吴氏得以册立是贿赂牛玉作弊的结果。第一条理由比较牵强，第二条确实是存在的。但是这并不是最关键因素，废后之事另有隐情。

吴皇后出身将门，父亲吴俊是羽林前卫都指挥使，她知书达理，聪明伶俐，另一方面，吴氏性格中也有豪爽率直的一面。大婚之后，吴皇后发现丈夫的心思根本就不在自己身上。朱见濡过于宠爱万贵妃，以至于时常冷落自己。

接下来发生的几件事情，让吴皇后和万贵妃之间的冲突公开化了。按照明朝制度，皇帝宠幸后宫，是由司礼监太监提前安排的。这天，轮到吴皇后侍奉皇上，吴皇后提前沐浴等待。万贵妃却不管这个规矩，自己先在浴堂洗浴，根本没将吴皇后放在眼中。司礼监太监牛玉也看不下去，逢人就投诉万贵妃的不是。听到这个消息，朱见濡对牛玉和吴皇后心生不满，本来他就对牛玉的擅权多有不满，在接到牛玉选后受贿的举报后，朱见濡更加坚定了罢黜牛玉权力的决心。

第六章　明宪宗朱见深

吴皇后和万贵妃的一次更加激烈的冲突，加速了这一进程。

有一天，吴皇后召来万贵妃，对她公开训斥，大概不出"狐媚惑主"之类的言语。万贵妃专宠已久，岂能受此侮辱？于是，她当场顶撞了吴皇后几句。吴皇后本就出身将门，年少气盛，一股无名大火燃上心头，她命宫女当场杖责万贵妃，想杀一杀她的气焰。

挨打的万贵妃岂能善罢甘休？她回到后宫，在朱见濡面前梨花带雨一番哭诉，朱见濡早就对吴皇后心生不满，这一次，见爱妃被打，他更加气愤。朱见濡下达废后诏书。这位坤宁宫的女主人，只好搬到西内的别馆居住。

本来，朱见濡想借此立万贵妃为后，可是内外压力太大，他只好立了王氏为后。但就感情而言，这位坤宁宫新主，终其一生，也只是一个摆设而已。

文华门群臣哭谏事件

朱见濡的生母周皇后和英宗的钱皇后之间的矛盾由来已久。周氏本来是昌平一户农家之女。当年，朱祁镇在郊外打猎，追逐一只兔子。兔子狡黠，躲进了

103

周家，朱祁镇随后追了进去。见到皇帝临门，周家之人惊慌失措，纷纷躲避，只有一个十岁的小姑娘处之泰然。朱祁镇十分惊异，将她带回宫中。此后，周氏生下了皇长子朱见深。

钱皇后先前因为思念朱祁镇，成为一只眼失明，一条腿受伤的残疾人士。周氏之子被立为太子，她完全不将无子的残疾皇后放在眼里。她甚至纵容太监奏请孙太后，将自己改立为皇后。重视感情的朱祁镇自然不会同意，还处处维护钱皇后。在他临终之前，也特意嘱咐：钱皇后百年之后，也要与自己合葬。

事实证明，朱祁镇的担心不是多余的。朱见濡刚即位不久，关于给两宫太后上尊号，就起了一场波澜。周氏的意思是自己应该独得太后尊号，而钱皇后久病，不应该称太后。内阁大学士李贤和彭时驳斥了前来传旨的太监夏时，坚决要求两宫并上太后尊号。

尽管阁臣们为钱氏争取到了太后尊号，但朱见濡对两宫依然是厚此薄彼，独崇生母，钱太后最终于成化四年（1468）六月郁郁而终。

钱太后离世，她的祔葬问题又引发了一场轩然大波。本来按照英宗临终遗命，钱皇后死后要与他合葬

第六章 明宪宗朱见深

裕陵。周太后却不同意这一安排，她命太监夏时到内阁传达自己的意见，要求在裕陵周边寻找地方安葬钱太后。朱见濡对此事深感为难，只好将此事下到礼部讨论。

礼部尚书姚夔召集了在京文武大臣九十九人商议钱太后祔葬问题。廷议的结果是大家一致坚持遵循英宗遗命，将钱太后祔葬裕陵内。朱见濡却以孝道为辞，坚持要遵照周太后的意见，将钱太后另行安葬。群臣纷纷上疏坚持钱太后祔葬裕陵之事。

于是，由姚夔领头，包括内阁、六部九卿、翰林院、科道言官在内的两百名官员一起来到文华门前。之所以来到此门，是因为皇上有时会在文华殿接见大臣，在此处请愿，是希望皇上能听到。

文华门外，大臣们的痛哭声传到了朱见濡耳中，他听说大臣们表示，如果周太后不答应大家祔葬钱太后的要求，大家将一直跪下去，直到太后同意为止。面对大臣们的压力和决心，朱见濡也深受感动。本来，他碍于周太后的情面，没有答应钱太后祔葬之事，就心中有愧。朱见濡前往周太后居住的仁寿宫，从巳时磨到了申时，恳求周太后顺应群臣之请。周太后本来就不占理，又面对群臣施压，最终不得不同意群臣之请。

旨意传出，文华门外的大臣们欢呼雀跃，高呼万岁。这一次文华门哭谏事件，其实也是后来嘉靖朝左顺门大礼仪事件的滥觞。

紫禁城里的黑眚和妖人李子龙事件

成化十二年（1476）七月的一天深夜，北京城内突然传来了一阵阵凄厉的惨叫声。这惨叫声在漆黑的夏夜显得尤其瘆人，让人不寒而栗。一个长着红眼睛，长尾巴，似犬似狐的怪物，还背负一团黑气，从百姓家的窗户闯入，凡是看到的人都发出一声惨叫后，晕倒。这就是黑眚，一种灾异。但是，由于此物行动极快，百姓们谁也没有看清过它的样子，却知道它出入无常，能伤人，是一种可怕的怪物。很快，恐惧笼罩了整个北京城。百姓们家家户户点亮灯光，大家拿着斧头菜刀，谁也不敢睡觉，连夜露天坐着，用锣鼓声惊吓驱赶随时可能到来的黑眚。

朱见濡这天在奉天门上早朝，正有大臣奏事之时，突然有人大喊了一声："黑眚来了！"一时间，文武官员乱作一团。他假装镇定，喝止群臣，其实内心

第六章 明宪宗朱见深

已经惊惧异常。成化十二年的这次黑眚事件使得整个京城陷入了一片混乱，从上到下，大家人心惶惶，不知所措。

此事刚过去不久，京城又发生了一件令人胆战心惊的乱事。

有一个游方僧人，他本名侯得权，是保定易州人，在狼山广寿寺出家后，更名为明果。年长之后，侯得权游方到了河南少林寺。他遇到了术士江朝，江大师说他日后命运富贵至极。侯得权渐渐做起了富贵梦，之后他遇到了道人田道真，田老道送了一本妖书给他。侯得权听信了田老道的胡说八道，根据他说的神话，又给自己改名为李子龙。李子龙和尚也不做了，蓄发还俗。他到处交结亡命之徒。李子龙到了京城，借住在了军匠杨道仙家中。通过杨道仙的关系，李子龙结交了内使鲍石、崔宏，长随郑忠、王鉴、常浩，左少监宋亮、副使穆敬。这些宦官都被李子龙所谓的仙术迷得神魂颠倒，深信不疑。其中鲍石和郑忠还引导李子龙前往万岁山，观望宫内情形。李子龙的邪教组织发展越来越快，除了一些宦官，很多京城卫所的中下级军官也加入了他的组织。锦衣卫破获了这个组织，最终李子龙、杨道仙、朱广、鲍石等核心骨干力量被押赴西市处死。案件虽然破获了，但是宪宗朱见濡还是倒吸了一口冷气。想象宦官们也跟妖人内外勾结，如果他们要取自己性命，也不是太难的事情啊！想想这个李子龙发展了那么多人，锦衣卫和东厂却一无所知。真是太让人失望了。

事情并没有平息。一日早朝，东班文官队列中突然隐约传出了盔甲撞击之声，庄严的华盖殿内乱作一团，朱见濡受到惊吓，打算离座而去。多亏了锦衣卫卫士前来护驾。但是，查了半天，却没有发现什么蛛丝马迹。朱见濡一怒之下，让一百多个低级官员一起在午门外罚跪，以做惩罚。人们传说，这是"鼓妖"在作怪。

经历过这些怪事之后，朱见濡越发觉得现在的厂卫办事不力，他需要一个新的机构来为自己办事，并制约东厂。于是一个新的机构应运而生，这就是西厂。成化十三年（1477）正月，一个新的特务机构正式挂牌开张了，这就是西缉事厂，简称西厂，办公地点设在了皇城西南的灵济宫前，以旧灰厂作为厂署总部。西厂的总头领称作钦差总督西厂官校办事太监，简称为"提督西厂太监"或者"西厂厂督"。而担任首任西厂厂督的就是太监汪直。

朱见濡在文华殿接见"万岁阁老"

也许性格使然，也许因为自幼有口吃的毛病，朱见濡极少单独召见大臣。朝廷内外事情，基本都由司礼监太监负责联络，或者通过宦官口头传达，或者通过文牍往来。这样一来，连代皇帝起草诏书、批答奏疏的内阁大学士们，也只能通过太监来和皇上沟通。成化一朝的内阁大学士，一直在努力，希望能获得与皇帝面对面交流政务的机会。

机会终于来了。成化七年（1471）十二月初六日，彗星出现在了大明的上空。对于彗星，古人认为是灾星，朝廷上下处于一片恐慌之中。朱见濡连忙下旨自我反省。内阁大学士商辂和彭时借着天变示警，请求当面见君言事。朱见濡畏惧天变，又想听听各位阁臣有何高见，就勉强答应十二月十七日召见内阁三位大学士。

十二月十七日退朝后，朱见濡来到文华殿接见彭时、商辂和万安三位内阁大学士。三人之前为了这次召见计划良久，都想好了要说哪些国家大事，请皇帝当面给予意见。彭时见到皇上,先说天变可畏,朱见濡回答说:"已知,卿等尽心办事。"彭时又提到:"昨天御史奏疏,请求减少京官俸禄,武官们有些失望,希望按照旧例。"朱见濡点头同意。万安在三位阁臣中排名最末,本来不等到彭时和商辂说完,他是没有资格插话的。他见彭时所言两事,一件过于空洞,一件又无关紧要,但是他说出的事情,得罪了皇帝。于是,万安在彭时还要说第三件事之前,叩首高呼"万岁",实则有意提醒彭时讲话要注意分寸。

但是高呼万岁,实乃大臣面君后告辞的意味,彭时和商辂不得不停止还要说的话题,一起叩头退出。就这样,朝廷上下盼望已久的这次皇帝召见,就匆匆结束了。宦官见到这种场景,也传为笑谈:"他们这些文官,总说皇上不召见。等见到皇上,他们就只会高呼万岁。"一时间,这三位内阁大臣得了万岁阁老的诨名。就朱见濡而言,这次召见也给他留下了极不好的印象,内阁强烈要求召见,见面所说之事,都是无关紧要,在奏疏上批一两个字就可以解决。所以,从此之后,朱见濡再也不召见大臣,内阁也知趣,不再提出面君之请。一切政务都依靠奏疏文牍来解决,皇帝

第六章　明宪宗朱见深

垂拱而治，国家机器依靠内阁和司礼监两大机构继续保持运行。

朱见濡的宫廷娱乐

朱见濡的宫廷娱乐生活可谓丰富多彩。明朝皇室尚武的传统在他的身上也有所体现。朱见濡自幼就喜欢骑射，他有时会去西苑观看将士们练武。成化九年（1473）四月二十二日，朱见濡车驾来到了西苑皇家练武场。他观看了在京的勋贵和高中级武官们的骑马射箭。可惜这些人的表现却不尽如人意：连中三箭的只有四个人，三箭中二箭的有二十三人，只射中一箭的占了多数，是九十九人，还有的一箭也没射中。朱见濡本来想看到将士们的英姿飒爽，没想到却失望而归。他训斥提督京营的总兵官朱永等人，半年后，朱见濡再次到西苑观武，仍然有九个把总不能射中靶心。

除此之外，朱见濡还喜欢演练火器。成化三年（1467），他在退朝之余，演练火炮，炮声传出紫禁城，震惊了百官。群臣纷纷上疏说火炮这种危险品不应该出现在禁城内。

观看戏剧也是朱见濡的一大爱好。小宦官阿丑的表演让朱见濡渐渐疏远了太监汪直，有时候阿丑还会利用演出之际，讽刺时弊，深得朱见濡的赞赏。

朱见濡本人还是丹青高手，他亲笔绘制的《一团和气图》和《岁朝佳兆图》十分精湛，令人赞叹不已。他还喜爱琴艺，经常欣赏琴艺精湛的宦官萧敬弹琴。

跟皇祖父朱瞻基相似，朱见濡还经常在宫内赏玩禽鸟。

《明宪宗调禽图》

第六章 明宪宗朱见深

最能集中反映朱见濡宫廷娱乐生活的是一幅《明宪宗元宵行乐图》。

元宵佳节,朱见濡端坐在黄色帐篷下,正在意兴盎然地观看小宦官们燃放烟花爆竹。

《明宪宗元宵行乐图》之"燃放烟花爆竹"

宫内还仿照民间,安排了热闹的市井买卖活动,站在石台右侧的朱见濡正兴致勃勃地观看下面模拟的市井繁华景象，既然不能亲自微服私访，他索性将北京都城的热闹景象搬进了宫内，确实有创意！

《明宪宗元宵行乐图》之"模拟市井繁华"

除了繁华的市井，"元宵晚会"也是必不可少的。还有演员出演弥勒佛、道士等滑稽形象。

第六章　明宪宗朱见深

《明宪宗元宵行乐图》之"宫廷节日"

下图中，手拿各式兵器的四个人正在演出一幕《三英战吕布》的精彩故事。

《明宪宗元宵行乐图》之"宫廷演戏"

115

元宵佳节,戏耍杂技表演也是不可缺少的。下图中,杂耍艺人以他们的精彩表演博得朱见濡开心一笑。在杂耍艺人的右后方还有一座用松柏树扎成的"鳌山灯棚"。灯棚上挂满了彩灯,彩灯之间还有八仙画像在来回穿梭,看上去十分喜庆。

《明宪宗元宵行乐图》之"宫廷杂技"

第六章　明宪宗朱见深

《明宪宗元宵行乐图》之"宪宗休憩"

这一幅《明宪宗元宵行乐图》长卷，十分逼真形象地还原了朱见濡在宫内的娱乐生活，同时也反映了当时天下太平无事，明朝正处在一个黄金发展时期。

第七章　明孝宗朱祐樘

——恭俭善良、贤明君主

朱祐樘，属虎，庙号孝宗，年号弘治。他生于1470年，卒于1505年，在位十八年，享寿三十六岁。朱祐樘童年经历较为坎坷，他幼年失母，体质又弱。不过父皇朱见濡给了他正统的皇室教育。朱祐樘性格善良，尤其是善待大臣，在位期间从来没有廷杖过一个臣下。朱祐樘即位后，针对父皇的弊政进行了一定程度的革新，他勤政爱民，仁慈节俭，不近声色。尤其难得的是，他终生只有张皇后一位配偶，别无任何嫔妃，是历代皇帝中唯一的特例。朱祐樘在位期间，大量重用贤良之士，弘治朝中君子盈朝。他制定《问刑条例》，经常减免地方赋税，他先后任命户部侍郎白昂治理黄河，工部侍郎徐贯浚通苏松河道。在军事上，朱祐樘三次收复吐鲁番，对蒙古鞑靼部小王子和火筛部进行了有力抵抗。朱祐樘在位期间，史家称为"弘治中兴"，尽管这中兴问题多多，但也是后人对这位贤明君主的赞许和肯定。

内安乐堂中长大的皇子

内安乐堂位于金鳌玉𬭚桥之西，棂星门之北，羊房夹道内。这里是安置老病或者有罪宫人之地，待年久之后，再发往浣衣局。这里曾经有一位皇子，从出生到六岁，在这边度过了六年时光。这位皇子就是朱祐樘。

朱祐樘的生母纪氏是广西贺县土司之女，在成化时，明朝大军平定大藤峡之乱，纪姑娘成为俘虏，被带回京城。纪姑娘聪明伶俐，粗通文墨，故被任命为内藏的管理员。内藏类似于皇帝的小金库。有一次，朱见濡想视察一下自己的金库，就来到了内藏。他见到纪姑娘，与她交谈，感觉她应答得体。朱见濡一高兴，就宠幸纪姑娘，不久，纪姑娘怀孕。朱见濡知道这个消息，却没有告诉自己的知心爱人万贵妃。因为

天子之居

万贵妃正承受着失子之痛，他不想再以这个消息刺激她。朱见濡暗中派人将纪氏移居到了内安乐堂，对外宣称她生病。

纪氏在内安乐堂产下小皇子，身边有朱见濡安排的宫女和宦官伺候，虽然日子过得有些担惊受怕，但母子总算平安。前文我们已经分析过，清修《明史》中关于万贵妃陷害纪氏的说法并不成立。朱见濡在小皇子六岁时，将他接入宫中。万贵妃知道消息后，还特意前往道贺，在纪氏因病不能照顾小皇子时，还将小皇子接到自己住所照料。纪氏病重身亡后，小皇

朱祐樘

子朱祐樘由祖母周太后接到仁寿宫抚养。

跟大臣请假不上朝的皇帝

朱祐樘登基之后，针对父皇在位时候的弊政，进行了一定程度的革新。他有志于兴利除弊，中兴大明。就早朝来说，朱祐樘确实做到了一以贯之的坚持，这点就让人十分佩服。

天色未亮之前，有资格参加早朝的官员们就等候在宫门前。朱祐樘每日也在这时起床梳洗，准备上朝。伴随着鼓乐声响，文武官员分别从左掖门、右掖门进入奉天殿前广场列队。这时，负责纠察的御史开始点名，并记录下咳嗽、吐痰和牙牌坠地、步履失衡等失仪官员的姓名，以听候处理。朱祐樘在侍卫人员簇拥下，进入奉天殿升坐龙椅，文武官员在赞礼官统一指挥下，向皇上叩头，山呼万岁。四品以上的官员进入奉天殿内，五品以下官员只能在殿外站立。朱祐樘早朝之上，会针对官员们提出的重要政务做相关答复和批示。早朝结束，朱祐樘用早餐，再进入文华殿批阅奏疏。早朝一以贯之，除去勋贵或者重臣去世会照例辍朝一到三日外，极少有例外。

弘治十一年（1498）十月十三日，朱祐樘迟迟没有上早朝。等候的官员们正在疑虑，太监萧敬将内阁大臣召集到了左顺门，然后宣读了皇帝的旨意："昨夜清宁宫失火，朕侍奉皇祖母彻夜不眠，现在还不敢离开，朕想暂免早朝，不知可否？"这也是明代历史乃至中国历史上独特的一幕，皇帝因为皇祖母周太后居住的清宁宫发生火灾，担心祖母受惊，彻夜未眠地守候在祖母身边，不敢离开一步。因此，他跟内阁大臣们请假一次。经过阁臣谢迁和李东阳的商议，二人同意皇帝的请假。

除了早朝之外，朱祐樘在弘治元年（1488）三月十八日，开设了午朝，这也是自正统年以后的第一次。早朝和午朝之余，朱祐樘还经常召集内阁大臣到文华殿共议国是。可以说，即位之初的朱祐樘勤政程度超过了他的几位先祖，令人赞叹。

左顺门接见太学生

朱祐樘即位后不久，为了登高望远，就下旨在万岁山建造一所棕棚。朱祐樘登上帝位，想要体会一下万人之上，唯我独尊的感觉。对一个十八岁的青年来说，这并不过分。消息传出去，国子监有位叫作虎臣的太学生却觉得此举不妥，他上疏劝说皇帝："陛下即位伊始，正应该勤俭治国，为百姓做楷模。建造棕棚，耗费人力财力，还是停止的好。"国子监祭酒费訚得知了虎臣上疏的消息后，惊恐不已，唯恐皇帝降罪自己没有管理好手下学生。

为了摆脱自己的罪责，费訚竟然将虎臣囚禁了起来，等候皇上处置。谁知道朱祐樘接到虎臣的上疏，一点都不生气，反而派人释放了虎臣，并将他召到了宫内的左顺门，在那里接见了他。朱祐樘对他说："你讲得很对。棕棚已经拆毁了。"虎臣敢于直言劝谏皇帝，朱祐樘十分欣赏他，授予他七品知县之职。

年轻的皇帝表现出如此宽广的胸襟，大臣们深受鼓舞，一时间纷纷上疏直言，这也为弘治中兴的局面开了一个好头。

万岁山上的毓秀亭与大太监李广之死

朱祐樘因为出生后是在秘密状态下被喂养，再加上母亲纪姑娘奶水不足，于是先天的营养是比较差的。明代的野史也说孝宗因为母亲在孕期曾经服用一些药物，所以导致了他头顶是秃的。自幼身体底子弱的朱祐樘继位之初是非常勤政的，但是孱弱的体质却渐渐难以胜任各项烦琐的朝政和大典祭祀等礼仪。于是弘治中期也上朝渐渐减少。至于为什么一代明君会沉迷于符箓祷祀之术，如果从朱祐樘为自己身体祈福，希望延年益寿的这个角度来分析就讲得通了。掌握了这项秘技的太监李广于是也渐渐被明孝宗所恩宠。

李广仗着有皇帝的恩宠，渐渐开始不法。他开始收受贿赂，把前朝的弊政传奉官又抬上台面。他假借诏旨乱授传奉官。所谓传奉官就是不经过朝廷正常的选官程序，由皇帝直接任命，直接授予官职。这种行为破坏了选拔的公正性。李广凭借传奉官收取了大量的贿赂。另外，李广又擅自侵占京畿的民田，垄断盐利数以万计。他的生活也极其奢侈糜烂。他引玉泉山之水，环绕自己的豪宅周围。言官交相弹劾李广，朱祐樘却置之不问。

看样子李广的幸福生活还会一直延续下去，直到他自己的一个愚蠢建议彻底毁灭了自己。弘治十一年，李广建议明孝宗在万岁山上建毓秀亭。亭子建好

第七章 明孝宗朱祐樘

了，皇帝的小公主却夭折了。有人将小公主的病逝与毓秀亭冲了风水联系在了一起。接下来，清宁宫发生火灾。占卜之人说李广建毓秀亭犯了岁忌。周太皇太后终于爆发了："今日李广，明日李广，果然这家伙招来了祸事！"事情就此开始出现转折。周太皇太后发怒的消息传到了李广耳朵里，这位公公心理素质毕竟不过硬，他可没有后世的同行刘瑾、魏忠贤等人那么强大的心理素质。刘瑾等八虎在文官集团要置他们于死地的艰难处境下，却心理素质过硬，以柔克刚，漂亮地来了个绝地反击；魏忠贤面对杨涟弹劾他的二十四大罪，泰山压顶而面不红心不跳，一番眼泪化作绕指柔，让小皇帝朱由校心生怜悯。李广听了这个消息之后竟然畏罪自杀了。

朱祐樘怀疑李广家里藏着养生、长生不老之类的秘籍，于是派人到他家里去找。派去的人带回的却是登记官员行贿的小册子。小册子上密密麻麻记载了当朝文武大臣的名单，以及张三李四王二麻子馈送李广公公白米黄米各多少百石、多少千石的数字。善良的朱祐樘第一反应竟然是："李广家里能放下这么多米吗？他能吃得完这么多米吗？"旁边有人善意地提醒皇帝："这不过是隐语罢了，黄米说的是黄金，白米说的是白银。"老实人朱祐樘怒了，他要追查这些帝国的蛀虫。上有政策，下有对策，涉案的朝臣数量非常庞大。别人不说，就是弘治朝名声很好的程敏政，也是使钱走过李广的门路，才得以东山再起的。中央官员几乎没有几个人是干净的。他们一起来找孝宗面前的大红人、皇帝的大舅子寿宁侯张鹤龄，请他为众人说情。于是大舅哥出面，估计又走了张皇后的门路，事情才摆平。更重要的是涉案的文武官员太多了，弘治朝的贪腐已经比较严重，朱祐樘总不能像老祖宗朱元璋那样杀光所有的贪官吧，那朝政就停止运转了。于是事情到此为止，不了了之。

宦官中的"比干"

明朝士大夫慷慨激昂，风骨之硬，有时候是连廷杖都奈何不得的。宦官中也偏偏有一位好人物，他以死进谏，颇有殷商比干之风，堪称宦官中的另类人物。

此人就是何鼎，又名何文鼎，浙江余姚人。其人喜欢读书，生活俭朴，性格耿直。他针对朝廷弊政，多次上疏皇上劝谏，并提出自己的意见。这样一位忠

第七章 明孝宗朱祐樘

心为国的好宦官，却在弘治十年三月被突然下狱了。

事情源于何鼎得罪了外戚张氏兄弟。事情还得从明孝宗的张皇后说起。明孝宗作为中国历史上唯一不纳嫔妃的皇帝，后宫只有一位张皇后。两人感情深厚，犹如民间伉俪。只可惜，这种恩爱却发展成了溺爱，孝宗爱屋及乌，对张皇后两位兄弟也恩宠有加，张皇后之兄名曰张鹤龄，弟唤作张延龄。

有一次，孝宗召张氏兄弟二人进宫饮宴。孝宗离席如厕，张鹤龄耍酒疯，竟然拿起皇帝的帽子戴在了自己头上。何鼎看到这一幕，心中大怒。张氏兄弟恃宠而骄，酒后侮辱调戏宫女。张氏兄弟的胡作非为，让何鼎气愤不已。当时，何鼎拿着一柄铁瓜，在宫门守着，等着张氏兄弟一经过，就将他们一顿痛揍。如果不是太监李广提前泄露了消息，张氏兄弟从旁门灰溜溜逃走，恐怕二人早就被破相了！

何鼎上奏弹劾张氏兄弟，说他们对皇帝大不敬，没有人臣之礼，要求孝宗严惩二人。兄弟有难，姐妹岂能坐视不理。张皇后在孝宗面前梨花带雨般地哭诉一番，加上不停地吹枕边风，终于激起了孝宗的怒火。孝宗下令将何鼎下锦衣卫狱审问。锦衣卫镇抚司的校尉刑讯何鼎，问他上奏张氏兄弟，有没有主使。何鼎回答说有两个山东人，但是你等不可能抓到他。校尉问他主使是谁，何鼎回答："孔子、孟子！"

何鼎在文官中声誉很好，一听说他被下狱，给事中庞泮、御史吴山和尚书周经、主事李昆、进士吴宗周等人先后上疏论救，孝宗在张皇后和张氏兄弟的怂恿下，一心要整死何鼎，因此并没有听从文官们的请求。张皇后授意太监李广将何鼎杖死在了海子。

一代忠宦死于非命，有位翰林为何鼎作诗一首：

外戚擅权天下有，内臣抗疏古今无。
道合比干惟异世，心于巷伯却同符。

能成为文官士大夫口中的"比干"，何鼎死得其所！

宫廷中的医疗事故

弘治十八年（1505）四月，孝宗为了缓解民间旱情，设斋戒祈雨。天遂人愿，降下甘霖，孝宗却受了风寒。没想到，这次病情凶猛，孝宗一病不起。司设监太监张瑜、掌管太医院事右通政施钦、院判刘文泰和御医高廷和等人在一起会诊，准备给皇帝开药。张瑜以太监身份领御药局，也是会诊皇帝病情的总负责人。

没想到，药开好了，孝宗服了几服之后，不见好转，反而更加严重，最终不治而亡。这下，朝臣们怒了，这样一位贤明之君，竟然被治死了。庸医杀人，庸医杀人！这不是一场普通的医疗事故，涉及先皇的驾崩，岂能儿戏？张瑜等责任人被下都察院大狱审问。

其实，明代对于皇帝的诊疗和用药有着严格的规定。皇帝生病，太医院官诊视御脉，御医参看，一般需要至少两名御医轮流给皇帝诊脉。然后太医院使、院判和御医一起会诊，会同管药太监在内局选药。使用药剂要一起签名封存，以便于随时查验；诊治者要一起附奏疏，写明药性和诊治方法。

烹调御药时，需要太医院官员和太监一起监视，烹调好了之后，药物被分为两份，一份御医、太医院院判和太监先尝，尝过无事后，再将另一份进献皇帝服用。御药服用之后，还要准备一份历簿，盖上内印，仔细记录用药年月和缘由，以备考察。只可惜，再完善的制度，如果不认真执行，还是摆设。

张瑜和刘文泰连给皇帝诊脉这条都省略了，就敢给皇帝直接开药，这还不是最严重的，最严重的是，他们用的药根本就跟皇帝的病症不对路，这才是导致皇帝驾崩的主因。奇怪的是，审问之后，张瑜等人被判的罪状是外官和内官勾结作弊，这罪也是死罪，却不会被马上处决。果然，张瑜、刘文泰等人的死罪并没有执行。其实，这是有朝中大臣暗中在幕后保着他们，就这样，害死孝宗的御医和太监竟然逃脱了惩罚，真令人无限感慨。

朱祐樘乾清宫托孤

弘治十八年（1505）五月初六日，天刚蒙蒙亮，内阁刘健、李东阳、谢迁三位大学士赶到阁中上班。他们刚刚坐定不久，一位太监慌慌张张闯入了阁内，三位定睛一看，原来正是司礼监太监戴义。

戴义带着哭腔说万岁大渐了，也就是皇上快不行了，紧急召见三位阁老。三位阁臣连忙一路小跑，跟着戴义赶往乾清宫东暖阁。

朱祐樘气色极差，他坐在御榻之上，缓缓跟阁臣

第七章 明孝宗朱祐樘

们说:"朕继承大统十八年,今得重疾,必将不起。"刘健等人连忙一番安慰。朱祐樘命在场的六位司礼监太监准备记录遗嘱。太监扶安和李璋捧着纸张和砚台,戴义手执朱笔,准备记录,而萧敬、陈宽和李荣跪在龙床之下,聆听遗命。朱祐樘交代众人,今年之内要给皇太子朱厚照完成大婚,接着又说了几件事,朱祐樘看了下戴义的记录,有些地方不满意,他要过纸笔,在上面修改了几处,才将遗命交给戴义。

最后,朱祐樘紧紧握住了刘健的手,眼中含泪,嘱咐他和两位阁臣一定要辅佐太子做个好人。刘健等人伏地大哭,当时在场的萧敬等六位司礼监太监一起跪倒,放声大哭,他们知道,这样的好皇帝待下有恩,确实是难得的主子。第二天一早,朱祐樘当面交代太子朱厚照做个好皇帝,午时,朱祐樘驾崩,享年三十六岁。

弘治朝的故事结束了,皇太子朱厚照继承大统,这位紫禁城新主人果然如同父皇担心的那般,在即位之初,就让群臣们头疼不已。

第八章　明武宗朱厚照

——游龙戏凤、个性张扬

朱厚照，属猪，庙号武宗，年号正德。他生于1491年，卒于1521年，在位十六年，享寿三十一岁。作为明孝宗和张皇后唯一长大成人的儿子，朱厚照的童年是幸福无比的。尤其是父皇朱祐樘幼年生活不幸，他加倍地疼爱儿子，这种爱有时候成为溺爱。朱厚照自幼好动不好静。他即位之后，身边以太监刘瑾为首的"八虎"集团引起了文官们的不满，这也引发了一场权力争夺战。最终以"八虎"的胜出告终。朱厚照看似漫不经心、荒诞不经的背后，却也能时时振兴帝国的武备。他在豹房训练士卒，加强帝国国防建

第八章　明武宗朱厚照

设。朱厚照经常巡行北方边境，并常驻宣府，还在正德十二年（1517）取得了应州大捷，打得鞑靼小王子多年不敢犯边。他在位期间，能臣武将层出不穷，先后平定了安化王和宁王的反叛活动。朱厚照借助宁王反叛事件，南巡南京，并在回师途中落水于淮安清江浦。这次落水严重损害了他的身体健康，是导致他短寿而亡的重要原因。朱厚照是一代有争议的皇帝。很多人沿

朱厚照

袭传统观点，认为他是荒淫无道的昏君；也有人对他重新评价，认为他追求个性解放，平易近人而且富有革新精神，是一位有所作为的皇帝。

东安门外的喊冤引出朱厚照生母谜案

正德三年（1508）的一天，北京皇城东安门外，突然传来了一阵阵撕心裂肺的喊冤之声。侍卫们连忙上前仔细查看，发现是两名男子。经过仔细询问，知道了二人姓名：郑旺与王玺。原来二人高喊的是当今天子的生母被囚禁，要求皇帝认母并释放生母，郑旺还声称自己就是国母之父，也就是当今皇上的外祖父。

郑旺是武成中卫中所军余（意即正军的替补），家住京城附近郑村镇。他跟妻子赵氏本生有一个女儿，在十二岁时候，女儿就因为家贫被卖给了东宁伯焦家做婢女，不久被转卖给沈通政家，之后又被再次卖掉。郑旺家境贫寒，他做梦都想着脱离贫穷。偶然之中，他打听到驼子庄的郑安家里有一个女孩在宫里得宠，被认作皇亲，郑旺一心认为那个得宠的女儿很可能是他的女儿。于是他进京，打探此事。

到了京城，他找到往日故旧，锦衣卫的舍余妥刚

第八章 明武宗朱厚照

和妥洪兄弟。郑旺拜托他们代为查访，妥家兄弟让他写下帖子，带在身上。郑旺在妥洪带领下，一路畅通无阻，竟然来到了皇城玄武门外。他们找到了乾清宫的内使刘山，拜托他玉成此事，郑旺把女儿身体特征告知刘山：小女幼时右肋有一疮瘢，脊背之上也曾经被热水烫伤，留有溃痕。刘山当场答应下来，为郑旺寻找女儿。一个月后，心急如焚的郑旺带着米面来探望刘山，希望得到消息，但是刘山却告知他回家等候。刘山在宫中暗中寻访，找到了一个叫郑金莲的宫女，郑金莲告诉他，有一个名叫王女儿的宫女很像他要找的人。刘山兴奋地找到王女儿，告诉她父亲苦苦寻觅她的事情。王女儿却回道："我父亲姓周，并非姓郑。"刘山计上心头，他找到郑旺，骗他说女儿已经找到，现在已经改名王女儿，而且王女儿托他转告郑旺说自己幼年被卖过，现在心怀疑惧，并不敢马上相认。郑旺听闻此言，对于王女儿是自己女儿更深信不疑。此后，郑旺经常带着果品绸缎之类给刘山，托他转交女儿。刘山把这些什物隐匿起来，又送给郑旺一些衣靴布绢之类，诡称是其女的回馈之礼。

一日，刘山告诉妥洪一个好消息说：王女儿现在升上人，入了乾清宫了，你们将来都是皇亲，但是千万别泄露这个消息。妥洪告知郑旺，郑旺欣喜万分，立即在乡间夸耀。信以为真的宗亲乡党六百多人纷纷赶来给郑旺送礼，郑旺专门制作了一本《聚宝历》，详细记录送礼人的情况。

为了给女儿庆祝生日，郑旺送了一些酒肉，拜托刘山帮忙带入宫里。刘山又隐匿起来，回送郑旺一些褥鞋绢帕等物。郑旺去孝宗皇帝妹妹仁和公主的驸马齐世美府上拜访。齐驸马儿子对郑旺皇亲身份也深信不疑，送给了郑旺夫妇豹皮、马鞍、纱罗、衣襦等礼物。郑旺收到贵重礼物，摆起来皇亲的派头，在乡间作威作福，结果事发，被厂卫缉事官校所逮捕。明孝宗下令将郑旺夫妇、刘山、王女儿等一干人犯关入监狱，他要亲自御审。《明孝宗实录》对审问的情况记载不详，只知道刘山在审问过程中说王女儿是明孝宗没有定名分的妃子。明孝宗也问不出究竟，于是指令下锦衣卫诏狱审讯。锦衣卫审讯后启奏皇帝：王女儿父母的姓氏以及她生辰、入宫来历都与郑旺所言相抵牾；再令郑旺妻赵氏辨认，发现王女儿脊背和右肋也没有郑旺所说的癜痕。案件到此定性为：王女儿姓周，不是郑旺女儿，郑旺在刘山引导下，为了获利，妖言惑众。郑旺、妥洪、妥刚以妖言惑众之罪，定为斩首，其他判处徒刑等刑罚。狱词奏上之后，孝宗皇帝特批：刘山交通内外，罪行深重，免去法司覆奏的程序，立即押赴刑场，凌迟处死，而且要宫中大小宦官观刑，以儆效尤。

事情并没有结束。被判了斩刑的郑旺却并没有被处死，而且还在武宗朱厚照登基后大赦天下时，被放了出去。正德三年（1508），郑旺在街坊王玺的帮助下，又回到皇城东安门外，高声喊冤。二人被当场拿获，下刑部大狱以妖言案定罪，两人不服，最终他们被下诏斩首示众。

案件结束后，曾经有好事之人看过存放在刑部福建司的案卷抄本。朱祐樘对此案的内批赫然在目："刘山依律决了，王女儿送浣衣局，郑某发落了，郑旺且监着。"这里提到的郑某极有可能就是宫女郑金莲，发落了这三个字含混不清，是杀是关，给人无限遐想空间。而被送到浣衣局的王女儿，据当时在司礼监教书的翰林院编修王瓒目睹：一日，他从司礼监教书出来，看到两个小太监押着一个妇人从左顺门匆匆而过。那个妇人身裹一件红色毡衫，看不到长相，只远远看到一双小小足弓。有好奇者悄悄跟随，只见妇人被送往浣衣局。奇怪的是，浣衣局守门宦官一看妇人来到，都显得毕恭毕敬。此后几天，传出郑旺案的判决结果，大家知道被送往浣衣局的妇人就是太后宫中的宫女王女儿。而当时朱祐樘给这个王女儿定的罪名是"假借名义骗取财物"。陈洪谟是弘治年进士，案发之时也在刑部任官，他笔下记载的这则故事的主角王瓒经常出入宫中，因此所记当有很大的可信度。对此，万历朝史学家沈德符就说过：这是当时目击者记录的，比国史更加准确。事情至此更加扑朔迷离。郑金莲到底跟郑旺什么关系？是不是他的女儿？

整个案件疑点重重，很难完全否定郑金莲是朱厚照生母的身份。这也许会成为千古之谜，留给后人无限遐想的空间。

顽童天子的童年

不管朱厚照生母是谁，他是朱祐樘亲儿子这个事实是无法改变的。弘治四年（1491）九月二十四日夜，在大明帝国万千官民的期盼中，紫禁城中传出了一阵响亮的新生婴儿啼哭声。望着这个小生命，巨大的幸福感笼罩着朱祐樘，他庆幸大明帝国终于后继有人了。

这个新生的婴儿被命名为朱厚照，朱祐樘殷切地盼望这个孩子能继承列祖列宗的帝业，如同日月光辉照耀万千黎庶。小皇子朱厚照长得眉清目秀，而且机灵可爱。欣喜的朱祐樘在小皇子出生第二年，就昭告全国，立他为太子。朱厚照在快乐幸福中成长，他四五岁时，朱祐樘就让他开始了独立生活。朱祐樘为他安排了学富五车的老师，让他学习经史。小朱厚照听讲十分认真，极少懈怠，经筵结束后，他还礼貌地向讲官致敬答谢。第二天开讲时，朱厚照还能流利地背诵前一天的讲章。如果有哪位讲官因故缺席，朱厚照还会关心地询问身边之人，某某先生今天去哪里了。

每当朱祐樘来到东宫检查太子学业，朱厚照都会十分礼貌得体地率侍从执礼迎送。朝廷上下得知了小太子的表现，都纷纷叫好，觉得太子将来必定如当今皇上一样，是一代贤君。但是，"小时了了，大未必佳"，随着年龄增长，朱厚照开始对那些儒家典籍感觉到厌恶。他在太监刘瑾、谷大用、马永成、张永等人的引导下，开始迷恋骑马射箭、角抵蹴鞠、打猎饮宴等活动。宫中有一个叫作"蹴园亭"的地方，就是朱厚照和太监们一起踢球玩耍的场所。对于太子的这些玩乐活动，朱祐樘都是心知肚明的。但是，他不但不制止，相反还流露出欣赏的态度。朱祐樘认为太子练习骑射是安不忘危，具有尚武精神的表现。朱祐樘对儿子确实太溺爱了，他自己偷偷夜游出宫玩耍，也带着朱厚照一起。有一次，父子两个偷偷回宫，经过六科廊[①]时，朱祐樘叮嘱儿子要小心不要出声。看着六科廊内那些官员还在晃动的烛光下值班工作，朱厚照萌萌地问父皇："他们都是父皇的臣子，为什么要怕他们？"朱祐樘说："你不知道啊，祖宗设置六科给事中，就是要他们来纠查皇帝有没有失德之处。要让这些言官知道我们父子夜游的事情，第二天，他们的谏章就铺天盖地地来了，让人受不了啊！"

可以说，朱厚照日后成为一个游龙皇帝，喜欢到处巡游，好武喜动，某种程度上，都是朱祐樘故意纵容和支持的结果。

[①] 六科廊，是六科给事中日常办公和值宿的场所，位于午门内归极门西南的南薰殿旁边，机密文书办事机关称作精微科，重要的奏疏档案都存放在这里，每天都有给事中官员值宿。

第八章　明武宗朱厚照

朱厚照的豹房生活

朱厚照是个性奔放，喜动不喜静的，他不满足于天天局限于紫禁城，他向往摆脱这烦琐沉闷的宫廷，另外开辟一片新天地。正德二年（1507）开始，他在皇城的西内太液池西南岸，临近西华门之地，建造了二百多间房间，称作"豹房公廨"，其实就是他的一处离宫。这是一座融密室、佛寺、教场、豹房、公廨于一体的建筑群。自正德二年，朱厚照搬入豹房，就很少再回到皇宫之内了。

朱厚照搬入豹房居住，有几个原因：首先，他不想居住在乾清宫，受到祖制和祖训的限制。其次，他要摆脱群臣束缚和母后的视线。朱厚照不喜欢那些儒臣整日里一本正经地教训或者劝谏自己，他也不喜欢冷冰冰的母后张太后，他想离他们远一些，眼不见心不烦。最后，他想将豹房打造成为政治中心。朱厚照通过以江彬为首的边将和以刘瑾等为首的宦官以及以钱宁为首的佞幸，来发号施令，牢牢地把控外朝局面，按照自己的意愿来处理朝政。

除了宦官、边将、佞幸之外，还有一些靠讨好朱厚照得以入居的小人物。比如以房中术邀宠的色目人于永、善于经营皇店的于经、教坊司的伶官臧贤。这些人时刻围绕着朱厚照，为他提供各项娱乐活动。

朱厚照的豹房成为第二朝廷。朱厚照巡行、与蒙古人作战、南巡江南等重大决策，都是在内阁大臣们知道之前，就已经决定了下来。朱厚照在豹房内的生活是丰富多彩的。他在这里与乌斯藏僧人谈论佛法，与钱宁等人纵酒饮宴，与武士们搏斗虎豹。有一天，朱厚照多喝了几杯酒，他觉得老是观看别人斗虎豹不过瘾，他决定亲自下场。猛虎哪里管来人是不是皇帝，见到有人下场，就狂叫一声，猛地扑向了朱厚照。朱厚照酒后站立不稳，被老虎扑在了身下，危急之时，朱厚照大喊钱宁，让他来解围。钱宁却畏惧不前，关键时刻，还是刚入侍豹房不久的边将江彬冲了上去，猛地击中了猛虎，将朱厚照解救了下来。

除了斗虎搏豹之外，朱厚照还喜欢在豹房玩些打仗游戏。有一年端午节，朱厚照将太监分作两队，一队由他亲自做主帅，坐在御营大旗下，发号施令。朱厚照一队由一位小太监扮演唐太宗李世民。另一队由一个领头小太监扮作高丽国大将盖苏文。游戏的过程就是"李世民"带队冲击"盖苏文"坚守的阵地。偏偏这天，朱厚照指挥的这一队"唐军"不知出了什么问题，怎么冲击也冲不破"高丽军"的防线。朱厚照很不高兴，身边有人推荐了人高马大、善于骑射的太监于喜，由他来扮演李世民。于喜穿上甲胄，骑上骏马，果然是威风凛凛，于喜果然不负所望，带领着"唐军"冲破了"高丽军"防线，朱厚照大喜，重重赏赐了于喜。当然，朱厚照还经常在西苑练兵习武，在南海子骑射打猎。这些游戏和活动带有不忘武备之意。

西苑腾禧殿的刘娘娘

腾禧殿位于西苑之内，此殿以黑色琉璃瓦覆盖，朱厚照在西巡时，邂逅了乐伎刘良女，将她带回，安顿在此居住。俗称这里为"黑老婆殿"。

这位刘良女是太原晋王府乐工杨腾的妻子，乐户刘良的女儿。虽然她已经是有夫之妇，但她的美丽和能歌善舞，迷住了朱厚照。朱厚照十分宠幸刘良女，饮食起居都离不开她。左右之人如果有触怒朱厚照的，都暗中请求刘良女帮忙说情，只要她一出面，朱厚照对犯事之人往往不再追究。近侍之人都称刘良女为"刘娘娘"。

正德十四年（1519）二月，朱厚照南巡南京，半路上，他想念刘良女，就让人去京城召刘良女来陪伴。刘良女摘下佩戴的簪子作为两人约定见面的信物。朱厚照在经过卢沟桥的时候不小心把簪子遗失了。等他到了临清时候，又十分想念刘良女，派人召她前来。刘良女以不见簪子不肯前往。朱厚照亲自日夜兼程，赶到了潞河，将刘良女接上，一起南巡。朱厚照与刘良女的这段感情故事，还颇有些浪漫气息。刘良女也并非一味以色侍君，她时时劝谏朱厚照宽待下人，游猎节制有度。

午门外的大规模廷杖

正德十四年二月，朱厚照结束了西北巡游，回到豹房的他精神饱满，毫无疲惫之意。自从宣宗朱瞻基以后，明朝连续四代皇帝，再也没有去过留都南京。那里是祖宗创业开国之地，有朱厚照最仰慕的祖先明太祖朱元璋的陵墓，他十分想去南京巡游，并借此巡游江浙和湖广一带。朱厚照想到这里，连续下了三道

第八章　明武宗朱厚照

南巡的手谕。

大臣们接到这个手谕，群情激愤。刚刚结束的西北巡游已经让百姓苦不堪言，岂能再让皇上去东南财赋重地胡闹?！大学士杨廷和要求当面见君，谏阻皇上南巡。朱厚照却以身体不适为辞，拒绝接见杨廷和。大臣们见局势不妙，联合起来，手持奏疏来到宫门，从上午辰时一直跪到了下午申时，请求朱厚照收回南巡之命。

朱厚照看了这些措辞激烈的上疏，又想起自己生病的时候，这些大臣一个个漠不关心，在巡游这些事情上却一直跟自己作对。一股无名大火涌上了心头，他下旨将上疏言辞激烈的黄巩等人关押进锦衣卫大狱，命舒芬等一百零七人在午门外罚跪五天。

三月二十五日这天，金吾卫指挥张英赤裸着上身跪在了端门前。宫廷卫士上前问他为何这样？张英回答道："皇上如果南巡，京城百万生灵依赖谁？我要以死劝谏皇上不要南巡。"说着，他突然拔出佩刀猛刺向了自己的胸膛，卫士们连忙夺下他手中的刀。朱厚照听说此事，勃然大怒，下旨将张英关入锦衣卫大狱，廷杖六十，最终张英伤重而亡。

朱厚照还不解气，下旨将舒芬等一百零七人在午门之外各自廷杖五十。让我们想象一下：午门外一百多名官员被褪下裤子，露出白花花的屁股，大杖横飞，重重打在屁股上，一片哀号之声，这是何等残酷而壮观！江彬对朝臣们上疏弹劾自己十分不满，暗中指使行刑的锦衣卫人员加重廷杖。结果，主事刘校和照磨刘珏当场死于杖下。

四月十五日，朱厚照下旨对另外一批上疏者实施廷杖，结果又有十一人死于杖下。这也是自明朝开国以来，最大规模的廷杖群臣。朱厚照在群臣的强烈反对下，无奈地暂停了南巡之举。不过，正德十四年（1519），宁王朱宸濠叛乱，给了朱厚照最好的南巡借口，他终于实现了自己的南巡愿望。

"浣衣皇后"王满堂

豹房之中，剧咳不止的明武宗朱厚照又吐出一口殷红的鲜血。自从南巡在清江浦钓鱼不慎落水以后，原本身体壮实的朱厚照就一病不起。到了京城，虽经御医多方调治，病情也未见缓解。"来人，传王满堂侍驾。"朱厚照抹去嘴角的血迹，传旨给身边的老宦官。

第八章　明武宗朱厚照

老宦官抬头看到皇帝消瘦的面容，本来想劝说一下，可是又不敢说，只好摇摇头，缓步退出殿外。这位王满堂到底是何方奇女子，让重病之中的皇帝朱厚照如此对她眷恋、念念不忘？

王满堂是河北霸州人，父亲是专门帮人打官司、写讼状的讼师。随着年龄的增长，王满堂出落成了一个美丽动人的俊俏姑娘。其美艳在霸州一带也小有名气。十五六岁的王满堂曾经去过北京参加皇帝的选美，却意外落选了。一个奇怪的梦让落选的王满堂再度燃起希望。梦中有神仙告诉她，如果有一个叫赵万兴的人来聘她，他会给她带来富贵人生，让她一定要抓住机会。美梦之后的王满堂从此坚定了信心，今生她必定富贵。

回家之后，王满堂把这个梦告诉了父母，把希望寄托在女儿身上的父母也非常高兴，认定自己的女儿必将变成凤凰上枝头。王满堂的父亲有个和尚朋友，故意说他家屋顶有紫气缠绕，说不定就是喜事到来的征兆。王满堂的父亲顺便就说起了女儿的那个梦，和尚当时也未在意，只是当一个灵异故事来听而已。他回头又把王满堂的这个梦告诉了自己的道士朋友段长。哪知道,这个段长是个花花道士,他对王满堂的艳名早有耳闻,听闻此事,脑瓜一转,计上心头。

几天以后,一番精心打扮的段长敲响了王家的大门,假装过路人投宿王家。王家一见来人,模样也算端正,来人自称名叫赵万兴。听闻此名,王父大惊,连忙殷勤招待。化名赵万兴的段长看王家的表现,心中窃喜,表面却不动声色。假装第二天就要离开继续赶路,王家赶紧找各种理由来挽留他多住几天。在这几天里,王家暗中观察来人,觉得他确实应该就是女儿梦中的贵人。于是他们出面主动提出要把女儿王满堂嫁给这位"赵万兴"。

段长就坡下驴,顺势就娶得娇妻王满堂,得到了梦想已久的美人。可是不安分的段道长又想给妻子"圆梦",顺便让自己的富贵更"长"。经过精密计划,段长就在自己的朋友圈四处散布王满堂的那个奇梦,市井之中都流传着王满堂有皇后命,她的丈夫赵万兴将来也是富贵之人,跟着他干,将来肯定能享受荣华富贵。

渐渐地一些恶少和无业游民聚集到段长身边,他把这些人拉到了深山之中,并建立山寨,决定暗中起

第八章 明武宗朱厚照

事。段长让手下人在山寨中草草搭建了"宫殿",并且称帝,还改年号为"大顺平定",设立了左右丞相和诸大臣。麻雀虽小,五脏俱全。那位夫人王满堂充其量只是个压寨夫人,却也被段长封作了"大顺平定皇后",从这个角度来说,王满堂也算圆了她的皇后梦。虽然这伙人搭建了草台班子,跟唱戏一样地玩当皇帝的过家家游戏,根本威胁不到明朝的统治。但是毕竟也属于造反,官府出兵轻而易举就抓获了包括段长、王满堂在内的所有人犯。一干人犯被押送京城以后,明武宗处决了段长等主要人犯,却留下了王满堂,王满堂被暂时送入了浣衣局"劳动改造"。

朱厚照在江南巡行回来之后,突然又想到了在审问人犯时候,王满堂那充满魅力的可怜的眼神,他又想到了王满堂做的那个奇怪的梦,此女梦遇贵人,应该也是富贵之人啊。自己已经三十多岁,膝下仍无子嗣,这对他来说,意味着父皇这一系的江山在自己身后将无人继承。想到这里,他不禁打了一个寒战。也许此女能给朕带来子嗣。但是这一个月,尽管他频频宠幸王满堂,却仍然没有实现自己的梦想。倒是让自己的病情更加严重,加速了死亡。朱厚照在与王满堂温存之时，也曾戏言要立她为后。但是随着一个月后他的驾崩，这只能是一个永远不能实现的幻梦了。

随着新皇帝朱厚熜的登基，王满堂这个在宫中没有任何名分的女人又被送回了浣衣局继续她的劳改生涯。每天面对着洗不完的衣服，干不完的活，每天面对旁人异样的眼光，每天耳朵中都充斥着别人"浣衣皇后"的蔑称，也许只有在静寂的夜晚，王满堂才能得到一丝喘息。那时候她在望着圆圆的月亮，感叹自己悲苦的遭遇，她也许会后悔为什么要把那个梦当真，又为什么一门心思要当皇后，做一个普通女子不是挺好吗……

第九章　明世宗朱厚熜

——喜怒无常、高深莫测

朱厚熜，属兔，庙号世宗，年号嘉靖，生于1507年，卒于1567年，在位四十五年，享寿六十岁。朱厚熜是兴献王朱祐杬之子，明武宗朱厚照的堂弟，皇位本来与他无缘。他的人生轨迹却因为堂兄朱厚照的突然驾崩而改变，因为朱厚照无子继承皇位，张太后和内阁首辅杨廷和决定，以"兄终弟及"之法，由近支朱厚熜继承皇位。突如其来的皇位让十五岁的朱厚熜措手不及，多亏父亲早年十分重视他的教育，他本人又聪颖过人，加上两年的兴王生涯，让他有了一定治理政务的能力。朱厚熜即位之后，就生父尊号和以谁为皇考的问题，与杨廷和等人为首的护礼派大臣展开了长达三年的争斗，史称大礼议之争。两派争论激烈，最终酿成了嘉靖三年（1524）的左顺门流血事件，十七名大臣被廷杖而死。少年朱厚熜用铁腕手段镇压了护礼派，取得大礼议的最终胜利。他在位前期中期，致力于清除正德朝弊政，严以驭官，宽以待民，清理庄田，削弱宦官势力，减免赋税，取得了嘉靖中兴的成就。嘉靖性格苛察，喜怒无常，在位期间，经常以廷杖对待官员，造成了朝野上下的紧张气氛。朱厚熜早年受父亲影响，笃信道教，入京后，身体较差，他沉迷于斋醮炼丹，一时间对政治造成了很大影响。自壬寅宫变之后，朱厚熜不再居住皇宫，移居到了西苑专心玄修。虽然，他深居简出，二十多年不上朝，却能牢牢把控朝纲，其政治手腕令人惊叹。他在位中后期，南方倭寇和北方蒙古交替入犯，造成了"南倭北虏"的紧张局面。朱厚熜善于用人，在胡宗宪、戚继光、俞大猷、赵文华等人鼎力合作下，倭患终于得以平息。嘉靖晚期的斋醮道教活动以及官僚队伍的腐败丛生，给明帝国带来了众多积弊。这也有了海瑞的上疏劝谏，嘉靖在位四十五年后，驾崩于乾清

第九章　明世宗朱厚熜

朱厚熜

宫。他的一生争议很大。总之，在四十五年之内，面临内外困局，他操控帝国之舟，保持继续前行，确实非常不容易。

入门之争

朱厚熜在王府侍卫和北京前来迎驾之人的陪伴下，一路跋涉，意气风发地来到了北京西南的良乡。礼部大臣早已经等候在此，将事先拟好的礼仪状呈给新皇。朱厚熜仔细看了礼部的具仪，他眉头紧锁，回头征求兴王府长史袁宗皋的意见："先皇遗诏以我继承皇帝位，而不是继承皇子之位，为何要用皇太子的即位典礼？"原来，这新天子登基大典的礼仪是由内阁首辅杨廷和、礼部郎中余才拟定的，参照的是皇太子即位的礼仪。按照这个礼仪，朱厚熜要从东安门进入皇宫，然后入居文华殿登基。可是，这样一来，就等于让朱厚熜默认了他是先皇的皇太子。

朱厚熜虽然年幼，可是对于这等原则性问题可是寸步不让。袁宗皋也对此礼仪表示了疑问。见到杨廷和之后，袁宗皋强势要求杨廷和等人打开大明正门，迎接新皇入居皇城。杨廷和看看朱厚熜，这个十五岁的少年，脸上充满了坚毅。朱厚熜对杨廷和等大臣说："礼仪是国家大典，不能不更正，礼部详加考议再定。我先在这里等候你们的意见。"这下好了，新皇以此为要挟，打算不当这个皇上了，杨廷和只好跟张太后商议后，同意了小皇帝由大明门进入皇城，即皇帝位。

朱厚熜风风光光从天子和皇后经由的大明门进入皇宫，登基为帝。他又否定了杨廷和拟定的新年号"绍治"，亲自用朱笔写下了自己的年号"嘉靖"。小

第九章　明世宗朱厚熜

皇帝心知肚明呢，绍治，就是要把自己纳入孝宗一系，继承弘治。嘉靖，出自《尚书·周书无逸》，这寄托了小皇帝对朝政和谐，社会安定美好的期望。

入门之争，实乃小皇帝朱厚熜与杨廷和等大臣的斗法，这一回合，小皇帝取得了完胜。

左顺门事变

正德十六年（1521）四月二十七日，朱厚熜下令礼部官员商议生父兴献王的封号和祭祀之礼，就这样，大礼议的序幕从此揭开。这位十五岁的少年天子自尊心极强，而且富有主见，这一点，从入门之争就可以看得清清楚楚。他虽然表面让大臣合议兴献王尊号，实则希望实现追认生父为皇帝的愿望。礼部尚书毛澄和内阁首辅杨廷和搬出了历史上的两个故事，即定陶王尊汉成帝为皇考以及宋英宗尊宋仁宗为皇考的往事。以此参照，建议新皇按照成例去做，也就是朱厚熜应该以孝宗朱祐樘为父，称作皇考；对自己的生父朱祐杬，要改成叔父，称作皇伯考，母亲蒋氏则称作皇叔母。鉴于兴王只有朱厚熜这一个儿子，他们又建议立益王次子也就是崇仁王为兴王，以他继承兴王之嗣。

杨廷和等人的主张出于小宗继承大宗的理论，按照这样的理论，对朱厚熜是十分不利的。朱厚熜尊崇父母的权利被剥夺，皇帝的权威被削弱。还有最重要的一点，这样一来，朱厚熜的皇帝之位就是杨廷和等人按照宗法制度迎立的，由此有定策之功，这也容易导致隐形相权的膨胀，从而威胁到皇权稳定。出于此，朱厚熜对此事十分不满，他说："父母岂能是随便可以更替的？！"

最初，朱厚熜派出小太监到毛澄家给他下跪，传达了皇帝请求毛澄同意他尊崇生父母的意思。说完，小太监还从怀中掏出了银两递给毛澄，毛澄十分生气，拒绝了贿赂，并将太监赶走。小皇帝虽然有自己的坚持，无奈群臣中支持他的人太少。他正万分无奈之际，礼部观政进士张璁的一份《大礼疏》让他又重新燃起了希望。张璁的奏疏从孝道出发，认为孝子莫大于尊亲，这就给朱厚熜尊崇生父提供了理论依据。在朱厚熜的支持下，张璁亲自来到左顺门，递上了《大礼或问》。毛澄只好与杨廷和商议，同意加称兴献王为兴献帝，母王妃蒋氏为兴献后，但是都没有加

"皇"字。朱厚熜虽然不满意，但是也只好暂时答应了下来。

正德十六年十二月，朱厚熜又下御批一道，令在兴献帝后称号前各加一"皇"字，这遭到了杨廷和等人的坚决反对。正在双方僵持不下的时候，清宁宫的后殿发生了火灾。杨廷和乘机上奏，说这些皇帝的过分要求触怒了上苍，导致神灵不满。朱厚熜只得顺应杨廷和等人的意见，称孝宗为皇考，张太后为圣母，而称兴献帝后为"本生父母"，而不加"皇"字。双方虽然暂时妥协，问题并没有彻底解决，平静背后酝酿着更大的冲突。这时，朱厚熜对杨廷和还抱有幻想，他明里暗里几次希望杨廷和支持自己的主张，却都被一次次拒绝了。君臣二人的冲突不可避免。嘉靖三年（1524）正月，南京刑部主事桂萼又上疏明确指出，朱厚熜应该称孝宗为皇伯考，武宗为皇兄，兴献帝为皇考，还要另外在宫内立庙祭祀兴献帝。大礼议之争再起波澜。

朱厚熜见到这封奏疏，十分兴奋，他于同年五月，确定了奉先殿西室名曰观德殿，供奉兴献王神主，并且安排人迎兴献王神主来京。不仅如此，朱厚熜还召张璁和桂萼进京，下旨要求大学士毛纪等人去掉生身父母尊称中的"本生"二字，七月，朱厚熜召集百官到左顺门，下令将生母蒋氏尊号中的"本生"二字去除。他强行去掉"本生"二字，在朝臣中引发了一场轩然大波。杨廷和、蒋冕、毛澄等重臣相继致仕，以表示对皇上的不满。听说了张璁和桂萼二人要进京的消息，以杨廷和的儿子翰林修撰杨慎为首的年轻朝臣们，计划在张、桂二人入宫之前，就在左顺门截住二人，将二人当场打死。张、桂二人听说了这个消息，十分惊恐，躲藏了好几天，才敢上朝。朱厚熜公然去除蒋太后尊称中的"本生"二字，激起了群臣们的愤怒。吏部左侍郎何孟春对礼部侍郎朱希周说应礼官们应该跟皇上力争。何孟春又联合一些大臣，上疏，说"本生"二字不能去掉。朱厚熜对这些奏疏置之不理，群臣更加激愤。

七月十五日早朝之后，群臣纷纷议论起此事。何孟春讲到成化年间为了争钱太后葬仪之事，群臣曾经在左顺门外跪伏，最终取得了胜利。听到这里，杨慎情绪异常激动，他大声喊道："国家养士人一百五十年，今日正应该仗节死义！"编修王元正和给事中张

第九章　明世宗朱厚熜

翀等当场响应,他们在金水桥南拦住了要退朝回家的大臣们,要求大家都去力争,而且还威胁道:"有不去的,我们众人就一起揍他!"

在他们的号召和威胁下,二百多名官员又回到宫中,在左顺门外跪伏不起,要求皇上明确答复他们的奏疏请求。他们群情激愤,有的高呼太祖高皇帝,有的大喊孝宗皇帝,二百多人的高喊声震动宫阙,传到了正在文华殿内的朱厚熜耳中。他毕竟年轻,何曾见过如此场面,一开始,朱厚熜派出司礼监太监前去劝说群臣赶紧离去。没承想,群臣不听从,还齐声高喊:"必须得到圣谕答复才退下!"就这样,从上午七时一直到下午一时,太监们多次传谕,群臣都不听从。这下,朱厚熜彻底怒了,他派遣锦衣卫校尉将群臣为首的丰熙、张翀等八人逮捕入诏狱。朱厚熜的这一举动不但没有吓到群臣,大家的情绪反而更加激动。杨慎和王元正撼动宫门大哭,群臣也跟着一起痛哭,哭声响彻宫廷。不知道的还以为新皇又驾崩了呢。朱厚熜年轻气盛,这下他的怒火再也无法遏制,他下旨将伏地痛哭的一百三十四名官员全部逮捕,何孟春等八十六名官员听候处置。七月十七日,朱厚熜将丰熙等八名官员充军边地，参与闹事的五品以下官员全部予以廷杖。

午门之外，出现了一幕壮观场面：一百八十多名官员被廷杖，哀号声响彻宫廷。一番廷杖之后，有王相、王思等十七人因为伤重，死于杖下。这也是明代历史上最大规模的一次廷杖，杖死的官员数超过了正德朝的那一次劝阻南巡。少年天子朱厚熜用铁血手腕镇压了护礼派大臣，左顺门事件之后，基本很少有大臣敢于反对议礼了。朱厚熜尊崇生身父母的意愿得以实现。

乾清宫"壬寅之变"

嘉靖二十一年（1542）十月二十一日卯时（清晨五点到七点之间），皇帝寝宫乾清宫。

朱厚熜刚刚召幸了他的宠妃曹端妃，有些疲倦的他已经沉沉睡下，渐渐响起鼾声。曹端妃见状，轻手轻脚、小心翼翼地帮皇帝盖好被子，然后去内室洗漱了。偌大的寝宫，只剩下皇帝一人还在酣睡之中。

正在此时，有十几个黑影一闪，快速走入寝宫之内。黑暗之中，一名宫女拿着一条从细料仪仗上取下

第九章　明世宗朱厚熜

的丝花绳揉搓而成的大粗绳,递给了另一名宫女,她的手颤抖不已,在旁边人的催促之下,她才颤抖着双手把绳子系成了一个套,然后套在了皇帝脖子上。众多宫女一起动手,有蒙住脸的,有扯绳套的,有掐脖子的,有按住胸的,有按住身子的,有压住双手的,有按住双腿的……当时在场谋杀皇帝的,一共十六个宫女。这十六人这么一折腾,惊醒了熟睡中的朱厚熜,他想喊,脖子却被套住了,怎么也喊不出来,他想反抗,手脚、胸、整个身体都被宫女死死按住,动弹不得。但是求生的本能,还是让他用尽全身力气不停地挣扎,宫女再多,毕竟也都是柔弱的女子,禁不住他一个男人的奋力挣扎。

"怎么还没有死?"一个宫女开始大汗直冒,她害怕了,难道万岁爷真是天上来的,杀不死?这名叫张金莲的宫女动摇了,她害怕了,万一杀不死万岁爷,弄出动静来,我们都要死!不行,我得自首去,兴许有一丝活下来的希望。于是她乘其他十五个同伴在全力对付朱厚熜的时候,偷偷溜出寝宫,快步朝方皇后宫中跑去。接到报告的方皇后大吃一惊,一刻也不敢耽误,火速带人赶到了出事地点。寝宫里面漆黑一片,隐约中看到一群宫女正在按住皇帝,欲行弑君。方皇后欲解救皇帝,混乱之中,还被一个宫女姚淑翠打了一拳。多亏宫女陈芙蓉叫来了管事牌子(就是管事的宦官),才把这些宫女全部制服并当场捉拿。

事后才发现,勒在皇帝脖子上的绳子,因为宫女杨金英的慌乱,把绳子打成了死结,才让皇帝侥幸躲过了一劫。尽管如此,受到极度的惊吓,再加上挣扎之时,身体上也多处带伤,朱厚熜昏迷不醒,危在旦夕。一开始,御医们束手无策,多亏了太医院使许绅用桃仁、红花、大黄等下血药,才让朱厚熜苏醒过来。但是许绅却因此承受了巨大心理压力,导致了自己重病不治。可见当时的场面是多么地扣人心弦。

皇帝昏迷之际,方皇后主持宫中事务。抢救皇帝之外,第一要务首先是审理妄图弑君的宫女。因为事涉宫闱,不能交给外廷的刑部审问,于是一切事情由司礼监全权打理。经过严刑拷打,这群宫女招认了本月的十九日,王宁嫔和曹端妃在东稍间点灯时候,曾经商量说:"咱们下了手吧,强过死在皇帝手里!"也就是谋杀事件背后的主使人是王宁嫔和曹端妃。简单的审问之后,方皇后以还在昏迷之中的朱厚熜的名义

第九章　明世宗朱厚熜

下旨：这十六名弑君的宫女外加曹端妃、王宁嫔两个主使，不分首犯从犯，一起凌迟处死。她们的家人让锦衣卫查办，如果有参与谋弑者一起依律处决，家产充公。

在方皇后的严令之下，十六名谋弑的宫女包括中途告密的张金莲一起被押赴西市，凌迟处死后斩首示众，《万历野获编》记载下了她们的名字：杨金英、杨莲香、苏川药、姚淑翠、邢翠莲、刘妙莲、关梅香、黄秀莲、黄玉莲、尹翠香、王槐香、张金莲、徐秋花、张春景、邓金香、陈菊花。而"首犯"王宁嫔和曹端妃则毕竟是皇帝嫔妃，不便公开处决，她们二人则被押到皇宫一个僻静的角落凌迟处死。

这件宫女谋弑的大案乃是亘古未有之事，因为审问的过程也比较隐秘，留下的文字记载很少，这也给了后人以很大的想象空间，究竟是怎样一种仇恨，可以让十几个弱女子一门心思要杀了身为皇帝的朱厚熜？我们从片言只语的历史记载之中，还是可以推测出比较接近真相的结论。

事发之前，皇帝朱厚熜曾经让宫女杨金英和邢翠莲等人负责养一只"五色神龟"，这只龟其实并不是什么神龟，而是大臣赵文华为了讨好皇帝，故意涂抹了五种颜色在乌龟身上，说是神龟下凡。极端崇信道教的朱厚熜，对祥瑞之物是非常膜拜的。他对此龟是神龟深信不疑。只可惜，那龟娇气，不知怎么就养死了。惊恐之下的杨金英等人害怕受到责罚，于是赶紧去找到了王宁嫔。

王宁嫔一开始非常受嘉靖皇帝的宠爱，但是后来朱厚熜又喜欢上了一个曹端妃。眼见皇帝的宠爱被他人夺走，王宁嫔在皇帝面前也经常流露出抱怨之情，而且还时不时地背地里骂曹端妃是狐媚之女，迷惑了皇帝。这些话传到了皇帝耳朵里，朱厚熜一追查，原来是王宁嫔所为，于是大怒，派人责打了王宁嫔。王宁嫔一想到皇上对待他身边女人的态度，就是贵如前面两个皇后——陈皇后和张皇后，陈皇后仅仅因为一件小事惹怒了皇帝就被训斥，惊悸而死，继任的张皇后则是因为替张太后的兄弟说情，而被皇帝亲自鞭打。王宁嫔想我只是个嫔，而贵如皇后都是这样的下场，这番得罪了皇帝，肯定下场极惨，她又想到了曹端妃在皇帝面前的专宠，她暗下决心就算我没有好下场，也要拉个垫背的。

第九章　明世宗朱厚熜

被责打之后的王宁嫔也曾经被罚做苦役，她认识了宫女杨金英和邢翠莲等人，在一起服役之时，有时候也无话不谈，建立了友谊。恰好此时，杨金英和邢翠莲等人因为养死了神龟，找她来想办法，于是她干脆出主意，让她们再找些人来，一起找机会杀了皇帝，最好是乘着皇帝临幸曹端妃的那天，然后嫁祸给曹端妃，把仇家消灭。于是杨金英和邢翠莲又找到了一些负责采露水的宫女一起参与这次行动。朱厚熜听信道士的说法，清晨的露水可以做引子，来帮助服用丹药，往往效果会更好。但是长年累月的辛劳，让采露水的宫女苦不堪言。她们心中早就充满了对皇帝的怨恨。至于为什么要杀皇帝，就王宁嫔来说，她对皇帝朱厚熜的翻脸无情已经是恨入骨髓，一个女人的由爱生恨促使她下了杀心；对于犯了错担心受到责罚的宫女们来说，杀了皇帝然后嫁祸曹端妃，说不定还有一线生机。

就是抱着这样的想法，王宁嫔事先打听好了，十月二十一日那天朱厚熜要召幸曹端妃。于是一个杀人计划就此实施了。但是没有想到的是根本没有接受过任何杀人训练的宫女们忙中出错，再加上张金莲的中途叛变，整个计划失败。不但如此，经不住严刑拷打的宫女们把王宁嫔和曹端妃一起招了出来。事情自始至终都没有曹端妃的参与，但是一个关键人物看到案宗却灵机一动，把她也拉入了鬼门关。这人就是方皇后，方皇后对曹端妃的专宠也早看不惯了，正好可以借此机会除去她。于是她"借力打力"，把曹端妃一起划入了谋逆者的名单，最后曹端妃在受刑之时不断地喊冤，方皇后却在暗自冷笑……

苏醒过来的嘉靖听说了曹端妃也是主谋，非常惊讶。事后他还是怀疑，找来心腹太监张佐查了案宗，发现了很多疑点。他慢慢体悟到方皇后这是冤杀了爱妃。他开始记恨方皇后了，但是毕竟她救了他的命，他也不好表现得太明显。

按理说，乾清宫作为皇帝的寝宫，应该是护卫严密，而且鲜为人知的是，宫内共放置了二十七张床，即使有刺客闯入，也摸不着头脑：皇帝到底睡在哪张床上。可是，这防得了外人，却防不了伺候皇帝的身边之人，宫女们熟悉皇帝的起居规律，加上宫廷防卫在嘉靖时，已经十分松懈，才有了这次宫变的发生。这次宫变对朱厚熜的心理打击是巨大的，虽然死里逃生，但是他却受到了严重惊吓。迷信的朱厚熜觉得乾清宫和大内都不是吉祥之地，这里是前代皇帝升天之处，自己也差点在这里被宫女勒死，于是他决定搬到太液池西岸的永寿宫居住。

居西苑专心玄修

朱厚熜对西苑较为满意。这里是朱棣当年做燕王时候的居所，可以说是他的龙潜之地。朱厚熜认为这是吉祥福地，加之从未有过任何皇帝或者嫔妃在这里去世，没有晦气。朱厚熜认为自己在这里居住，就可以避开灾难。朱厚熜在发生宫变的第二天，嘉靖二十一年（1542）十月二十二日离开了大内，搬进了西苑的永寿宫。

后宫的嫔妃们也跟随朱厚熜搬入了永寿宫，从此直到病重的二十四年间，他只回过一次皇宫。自嘉靖十年（1531），朱厚熜就开始在西苑内大规模营建。朱厚熜首先营造了帝社和帝稷之坛。西苑内视野开阔，有万岁山、琼华岛、太液池等秀丽景色，与宫室密集、局促规整的皇宫相比，这里更让居住者感觉到心情舒畅。他多次在此陪伴蒋太后游玩饮宴，很多大臣也得以陪同，并引以为荣。随着朱厚熜搬到西苑，内阁的直庐也随之搬迁到了西苑内的无逸殿旁边。朱厚熜专心玄修，不再上朝接见大臣，所有的朝廷重要奏疏通过内阁大学士和司礼监太监一起批阅审理。只有在嘉靖二十九年（1550）八月间，蒙古俺答汗率兵长驱直入，杀到北京城下时，朱厚熜才在群臣的请求之下，来到奉天殿，降下谕旨将文武官员斥责了一番。

西苑环境优美，是朱厚熜精心玄修的好地方。朱厚熜为何会对道教如此狂热信奉？首先，其父朱祐杬在湖广安陆时，就十分迷恋道教，年幼的朱厚熜耳濡目染，深受影响。其次，朱厚熜自幼生长于南方，体质较弱，来到了寒冷干燥的北京十分不适应。因而，他经常生病。这时候，一个名叫崔文的太监投其所好，劝说皇上祈祷道教诸神，以消除疾病灾害。于是，朱厚熜听了崔文的建议，在乾清宫、坤宁宫等处广设斋醮之坛，一时间宫内烟雾缭绕，成为一个大道场。之后，在外廷文官们的反对之下，朱厚熜的道教活动有所收敛。但自嘉靖十年（1531）起，朱厚熜又对道教产生浓厚兴趣。这是因为他大婚已经十年，仍然没有子嗣，他不想步堂兄朱厚照的后尘。于是，朱

第九章　明世宗朱厚熜

厚熜希望道教玄修能保佑他早得龙子。这年十一月，他在御花园内的钦安殿建坛祈祷。在信道的同时，朱厚熜又对皇宫中的大善佛殿进行了拆除，他将佛像佛骨等物用大火焚烧，后来在佛殿旧址上，又修建了慈宁宫和慈庆宫，分别供张太后和蒋太后居住。自壬寅宫变之后，朱厚熜觉得自己大难不死，是自己平时虔诚向道的善报。自此之后，他在道士陶仲文的引诱下，整天讲道玄修，服用丹药，以求长生不老。

朱厚熜在西苑玄修，还将军国大事和修道联系了起来。在道教斋醮仪式上，需要焚烧一种绿章，也就是献给天神的奏章，这些须用朱笔写在青藤纸上，因此被称作青词。嘉靖十八年（1539）十二月，朱厚熜下令在西苑无逸殿旁，赐给大臣直庐，以便他们能随时应召入见。当时应召的有太师郭勋、大学士夏言、大学士翟銮、礼部尚书严嵩等人。在朱厚熜心目中，青词写得好，就能得到宠幸，从而官职得以升迁。夏言、严嵩、徐阶等人就是因为善于写青词得到了他的恩宠，成为内阁首辅。严嵩的失宠，道士蓝道行也起到了一定作用，他在一次扶乩术中，说上天认为严嵩是奸佞，朱厚熜信以为真，渐渐失去了对严嵩的信任。

西苑内的道教建筑众多，如大高玄殿、大光明殿、兔儿山清虚殿、万寿宫、朝天宫等。当然在玄修之外，朱厚熜并没有忘记处理朝廷政务，他牢牢把控朝廷大权不放，将包括内阁首辅在内的重臣玩弄于股掌之间。

朱厚熜的宫廷娱乐生活

嘉靖十年（1531）春天，朱厚熜命人在西苑的空地上耕种粮食，以表示对农事的重视。他又在迎和门外，建造了省耕亭，以便于在此时时刻刻警醒自己重视农事。无逸殿的中壁之上，镌刻着兴献帝所作的《农家忙》诗，后面附录是朱厚熜亲自所作的记。左壁之上，有周公《无逸篇》。秋收季节，朱厚熜亲自到西苑耕种之处，观看宦官们表演打稻戏，举行隆重的庆祝丰收仪式。从播种到收获的整个过程，朱厚熜都要亲自过问，这也体现了他对农事的重视，希望通过此，达到劝农的目的。嘉靖九年（1530），朱厚熜创立了皇后亲蚕礼。嘉靖十年（1531）三月，朱厚熜在西苑仁寿宫旁边筑亲蚕坛，让皇后亲自参与，表示对农桑之事的高度重视。

第九章 明世宗朱厚熜

朱厚熜经常与母后一起在西苑游玩。嘉靖十五年（1536）五月，朱厚熜召内阁辅臣李时、礼部尚书夏言、武定侯郭勋在西苑泛舟游玩。嘉靖十七年（1538），朱厚熜奉蒋太后在西苑太液池泛舟游玩，当时有郭勋、夏言等人陪同。文武官员陪同朱厚熜游玩之余，他还与臣下吟诗作词，以示风雅。深受其父影响的朱厚熜也时常以诗文书画为乐。他经常将自己的诗赋作品赠送给大臣，以示恩宠。朱厚熜对诗文书法的爱好，也影响到了后宫。陈皇后精通诗词琴艺绘画等技艺，经常与朱厚熜诗词唱和。

朱厚熜除了雅趣爱好之外，还有其他世俗之好。如嘉靖四十年（1561）十一月二十五日，朱厚熜在醉酒之后，与宠爱的尚美人在貂帐中放烟花为戏，结果导致了失火，烧毁了宫殿。

朱厚熜还喜欢养猫等宠物。他宫中养着一只微青色的猫，两眉白莹，被呼作"霜眉"。只要朱厚熜一呼喊它，它就来到身旁，在朱厚熜出行时，霜眉还常常在前面引导开路。它还守护主人就寝，在床前一动不动，朱厚熜十分喜爱它。在霜眉死后，朱厚熜专门将它葬在了万岁山，碑上题字"虬龙冢"，并让文臣们撰写诗词纪念。袁炜所作诗词有"化狮为龙"之语，深得朱厚熜赞赏。

嘉靖四十五年（1566）十月，朱厚熜带病到万法坛祈祷上天降下甘霖，结果被大雨淋湿，回宫后口吐白沫，病情加重。挨到了十二月十四日，卧床不起的朱厚熜突然昏迷不醒。左右侍从见情况紧急，连忙将他抬回了乾清宫，这一天午时，朱厚熜驾崩于乾清宫，享年六十岁。

第十章　明穆宗朱载垕

——任贤图治、游戏无度

朱载垕，属鸡，庙号穆宗，年号隆庆。他生于1537年，卒于1572年，在位六年，享寿三十六岁。朱载垕是明世宗朱厚熜的第三子，因为前面两个哥哥早亡，他成为长子。嘉靖十八年（1539）二月，朱载垕被封为裕王，其弟朱载圳被封为景王。按照次序，作为长子的朱载垕应该被立为太子，但父皇朱厚熜听信道士之言，迟迟未册立太子。朱厚熜笃信"二龙不相见"之言，很少召见朱载垕，而且对裕王表现得十分冷淡。朱载垕还面临着景王的挑战，朱厚熜十分喜爱景王，曾经动过立他为储的念头。嘉靖四十五

天子之居

年（1566）十二月，朱厚熜驾崩，作为他唯一还存活在世的儿子，朱载垕无可争议地登上了皇帝宝座。朱载垕即位后，纠正嘉靖一朝弊政，停止了斋醮等道教活动，免除了大量田赋和积欠，将以前因为上谏得罪的诸臣召回朝廷任用。朱载垕重用徐阶、李春芳、高拱等内阁大臣，与蒙古俺答汗议和，实现了封贡，保持了北疆多年的太平。与此同时，隆庆元年（1567），

明穆宗朱载垕

朱载垕宣布废除海禁政策，允许民间私人远贩东西二洋，史称隆庆开关。在贤臣的辅佐下，资质平平的朱载垕取得了一系列政绩，史称他在位时期为"隆庆新政"。朱载垕在取得政绩的同时，在后宫的娱乐生活颇为放纵无度。他生活奢靡，沉迷于各种宫廷游戏之中不能自拔，以至于最终损害了他的健康，导致英年早亡。由于他不能很好地控制群臣，也导致了隆庆朝阁臣倾轧、党争的加剧。

并不美妙的南海子巡游

隆庆二年（1568）二月二十九日，刚即位一年多的朱载垕来到了天寿山拜谒皇陵。这是时年三十二岁的朱载垕第一次远行。他自幼生在皇宫，被封裕王之后，也未曾离开京师去往封藩之国。实话说，朱载垕对外面的世界了解得太少，作为一位统御天下的君主来说，这并不是什么好事。他跟转战天下的太祖和成祖自然无法相比，就是跟曾经南北巡行的武宗、南巡承天的世宗皇帝比，他也差了好大一截。朱载垕渴望了解外面的世界，了解他的帝国、他的子民。隆庆元年（1567）八月，他就下诏谕给内阁，准备去天寿山祭祀列祖列宗。内阁首辅徐阶却以边境紧张为辞拒绝了他的要求。俺答汗的骑兵确实经常在塞外游弋，可是他们距离京城还是遥远的，难道朕拜谒皇陵也不成？朱载垕不甘心，再次要求内阁拟旨祭祀皇陵。内阁首辅徐阶态度坚决，三次拒绝了皇帝的要求，万般无奈的朱载垕只好暂时打消了这一念头。

到了第二年，边塞局势缓和了，朱载垕才实现了自己祭祀皇陵的愿望。其实，朱载垕是希望在祭祀天寿山皇陵之余，可以顺便巡游一番，放松压抑的心情，暂时离开那沉闷的紫禁城，透透空气，体察一下民情也是好的。只可惜，徐阶以孝思为辞，劝说皇上专心拜谒皇陵，不可以巡游引发天下人的非议。朱载垕只好再一次压抑了内心的愿望。从天寿山回来之后，朱载垕一直闷闷不乐。他遗憾没有巡幸地方。身边的宦官了解皇上的心思，他们鼓动朱载垕去南海子游幸。南海子即南苑，在京城永定门外二十里处。初春季节，这里风景优美，明朝历代皇帝多在此游玩。朱载垕打定主意，要去南海子一游，以弥补天寿山之行没有巡游的缺憾。但是这一次谕旨下到内阁后，徐阶以天子如此热衷游幸，会妨碍处理政务为辞，劝谏皇帝放弃这个念头。接下来，各言官的劝谏奏疏纷纷摆在了朱载垕的御案之上，朱载垕这一次真的生气了：普通百姓都可以踏青野游，难道贵为天子，就要像一个囚徒一样，永远待在紫禁城不出来？想到这里，他毫不客气地拒绝了朝臣的劝谏，三月下旬动身前往南海子游玩。

只是到了南苑之后，朱载垕发现这里早年兴建的宫殿别馆已经年久失修，破落不堪，那些景物也因为长期无人管理变得荒凉萧瑟。出发之前他还满怀兴致，眼前的这一幕让他兴致全无，失望透顶。当天，他就快快不乐地回到了紫禁城。

左掖门宦官打文官

隆庆二年（1568）七月，有一个叫许义的宦官，在宫外手持利刃抢劫百姓财物，被巡城御史李学道当场抓获。李学道依法对许义进行了笞责。没有想到许义挨打了以后，心怀怨恨。他回去纠结了一百多名宦官，打算对李学道进行报复。这一天李学道下朝，在经过左掖门的时候，一百多名手持棍棒的宦官突然冲了出来，对李学道乱棍齐下，将他击倒在地。跟李学道一起下朝的官员们面面相觑，惊诧万分，又没法出手相救。就这样，一个堂堂朝廷官员竟然被一群无赖宦官在宫门口痛打，这简直是骇人听闻。李学道秉公执法，并没犯什么错误，反而遭受了伤害。

宦官们这种无法无天的行为也触怒了朱载垕。他命锦衣卫捉拿了为首的十几名肇事宦官，还下令将为首的打了一百板子，充军到云南的烟瘴之地，其他的杖责六十，发到孝陵卫充军。对于挨打的李学道，朱载垕也给予了处分，说他擅自笞责内使，不谙事体，下旨将他调到外地任官。这种各打五十大板的态度，也是朱载垕一直以来对文官和宦官的态度，他试图通过此达到一种平衡。

被赶出坤宁宫的陈皇后

陈皇后，通州人，锦衣卫副千户陈景行之女。朱载垕即位之后，于女色之事过于放纵，多内宠，与陈皇后感情不协。隆庆三年（1569）正月，朱载垕沉迷于女色和歌舞饮宴，陈皇后婉言相劝，结果触怒朱载垕，他下令陈皇后搬出坤宁宫，到别馆居住。此事外廷群臣还无从知晓。

第十章 明穆宗朱载坖

说来也巧，正月二十七日，巡城御史詹仰庇正在巡查京城，他遇到了刚从紫禁城出来的一名御医，御医与他攀谈间，提及陈皇后病体沉重，已经从坤宁宫搬出。说者无意，听者有心。帝后分居，也许是帝王家私事，对于臣子来说，这可是影响朝廷稳定的大事啊。詹仰庇连忙上疏劝说朱载坖：皇后病重，万一不幸，将对皇帝的圣德大有影响，人臣要冒死直言，请求皇上让皇后迁回坤宁宫照料居住。同僚们知道了詹仰庇的这道上疏之后，都为他捏了一把汗。如此公开干涉帝后家事，皇上肯定要龙颜大怒。但是，出乎意料的是，朱载坖的批复很简单：皇后侍奉我多年，没有生儿子，最近因为生病移居别宫，希望能静心养病。你不知道宫中事情，不要多言，暂且不予追究！

詹仰庇暗自庆幸，中外之人也纷纷颂扬天子圣德宽厚。只是，朱载坖冷落皇后已经是无人可以改变的事实了，他在江南遴选美女，一时间竟然造成了"拉郎配"的闹剧。

朱载坖的宫廷娱乐活动

应该说，朱载坖在即位之前是颇为节俭克制的。

他在做裕王期间，小心翼翼。在娱乐上不敢稍有放纵。就是在即位之初，他的生活也是十分节俭的。有一次，朱载垕想吃驴肠，宦官请皇上下旨置办。朱载垕摇了摇头，他说："如果这样做的话，宫内就要每天都杀一头驴，这样耗费太大了。"于是，他打消了吃驴肠的念头，生生将馋虫打败了。还有一次，皇太子朱翊钧想吃一种小吃，一名宦官建议以百金在市场购买，这样可以随时供应。朱载垕知道后，立即制止了，他说这种小吃在崇文街坊只需要二三钱银子就能买到，哪里用得了百金！

只可惜，随着时间的推移，朱载垕开始越来越放纵自己的物质追求和娱乐活动，那种俭朴被他抛到了九霄云外。朱载垕热衷于搜集购买大量的猫睛绿宝石，还命户部打造各种金柜玉盆使用。隆庆元年（1567）三月，尚在父丧期间的朱载垕，就按捺不住享受的欲望，开始在宫中饮宴作乐。他整日里与宫女们厮混，还服用壮阳药物助兴，这也严重损害了他本不健康的身体。元宵节，朱载垕喜欢观看鳌山灯戏。太监孟冲、陈洪、滕祥等人为了取悦于他，诱导朱载垕下令制造鳌山灯，然后彻夜饮宴。所谓鳌山灯，就是元宵节的一种大型灯展，先搭建成巨鱼形状，然后在上面布置各种灯饰，非常具有观赏性。只是这种鳌山灯耗资巨大、劳民伤财，由此经常遭到文官们的反对。观看鳌山灯，彻夜长饮之际，朱载垕还命小宦官们燃放烟火来助兴，隆庆三年（1569）元旦，宦官因为制造烟火，引发火灾，烧毁了宫内不少建筑。

在明宣宗之外，朱载垕是最热衷于斗蟋蟀的皇帝。他深谙斗蟋蟀之道，在斗蟋蟀之前，拔取它们的须，将它们放置在斗盆中，观看它们相斗。玩到兴起的时候，朱载垕趴在地上，聚精会神地为蟋蟀呐喊助威，常常引得旁观的宫女们窃笑不已。为了获得优质蟋蟀，他大力奖赏进献者，一时间，宫内囉囉的蟋蟀叫声不绝于耳。朱载垕还喜欢骑马射箭。隆庆三年（1569），朱载垕在宫中骑马狂奔，当时六岁的皇太子朱翊钧在旁边观看，他担心父皇受伤，劝说父皇："陛下您是天下之主，如此骑马奔驰，一旦受伤了怎么办？"朱载垕高兴地抱起小太子，不停地夸赞他聪明。

朱载垕在即位之后，一步步放纵自己的欲望，最终导致了短寿而亡，将偌大一个王朝和壮丽的皇宫交给了太子朱翊钧，一个波澜壮阔的时代即将到来。

第十一章　明神宗朱翊钧

——由盛而衰、争议不断

朱翊钧，属猪，庙号神宗，年号万历。他生于1563年，卒于1620年，在位四十八年，享寿五十八岁。朱翊钧是朱载垕第三子，因为两个兄长早夭，他排位居长。隆庆二年（1568）三月十一日，朱翊钧被立为皇太子。父亲朱载垕，母亲李氏对他的教育十分重视，朱翊钧自身也刻苦努力，学业大有长进。隆庆六年（1572），还不满十岁的朱翊钧继承帝位。在他即位后，内阁阁臣张居正和高拱之间发生了争权，以张居正胜出，高拱被驱逐而告终。成功成为内阁首辅的张居正在司礼监掌印太监冯保和李太后的襄助下，

第十一章 明神宗朱翊钧

大刀阔斧地开展革新运动。万历前十年，大明帝国取得了盛世局面，政治、经济、文化、军事等层面取得了长足发展。朱翊钧亲政后，对张居正和冯保开始了清算，他还先后在西北、西南和朝鲜三个方向展开三次大规模军事行动：平定哱拜叛乱的宁夏之役、抗击日本入侵的朝鲜之役、平定土司杨化龙之乱的播州之役。史称"万历三大征"。万历十四年（1586）十一

朱翊钧

月之后，因为身体多病，朱翊钧上朝渐稀。明末党争严重，东林党、宣党、昆党、齐党、浙党等相互倾轧、争斗不止。因为立太子之事，朱翊钧与内阁争执长达十几年，其间，他三十年不出宫门，造成了"怠政"的表象。实则，朱翊钧对奏疏的批复是有选择的，事关军国大事的奏疏他还是能及时批复的。万历四十七年（1619）三月，萨尔浒之战中，明军全军覆灭，辽东的后金迅速崛起，成为帝国的心腹大患。在位四十八年之后，朱翊钧驾崩。后世对他的评价多有争议，赞誉者称赞他开创了万历盛世，国泰民安；否定者说他在位期间，明帝国由盛转衰，明朝灭亡的苗头开始于万历一朝。

乾清门王大臣案

万历元年（1573）正月十九日清晨，朱翊钧在乾清宫内梳洗完毕，在宦官和宫女的簇拥下，离开温暖的寝宫，冒着刺骨的寒风，准备前往文华殿上早朝。刚出乾清宫门，谁也没有预料的一幕出现了：一个身穿宦官服饰的男子，神情鬼鬼祟祟，看到皇帝出行，就慌慌张张地要跑开。朱翊钧感觉此人奇怪，命左右

第十一章 明神宗朱翊钧

扈从的侍卫一拥而上将他拿获。这是一个没有胡须的男子，穿着一套并不合身的宦官服饰，说话阳刚气十足，这暴露了他的假冒宦官身份。

此事发生在乾清门，离皇帝寝宫极近，如此大案，东厂自然不敢马虎。掌管东厂的太监冯保亲自主审。审问的重点是此人如何进了皇宫，进宫目的是什么，有没有主使之人之类。经过审问，了解到此人名曰王大臣，本名章龙，早先曾经打算投到总兵官戚继光麾下为军，却因为身体瘦弱落选。王大臣随后流落到了京城，他为人谄媚善言，又没有须髯，经常出入宦官家中，受到他们的宠溺。他偷走了宦官的服装，偷偷潜入宫中逛逛，没有想到在乾清宫门外遇到了正准备上朝的朱翊钧一行。

内阁首辅张居正听说了王大臣的供词中牵扯到了戚继光，他吃惊不已，戚继光是边防的重臣，他威震南北，边防绝对不能缺少了戚将军。如今戚继光惹上了这场麻烦，张居正绝对不能袖手旁观，他找来冯保计议，商量一个既能保护戚继光，又能打击政敌的办法。计议已定，冯保派遣他的心腹家奴辛儒来到了大狱中，给王大臣换上了一身蟒袍，又在他怀中放上了两把剑，一把刀，随后用好酒好肉招待他。辛儒看看四下无人，悄悄叮嘱王大臣要他再次受审时，就招认是受到了前内阁首辅高拱的指使来行刺皇上的。如果按照这样供认，不但可以免死，还能获取重额赏金。在辛儒的威逼利诱下，王大臣答应了他的嘱咐。高拱是张居正和冯保的政敌，之前两人联手将他从内阁首辅的位置上赶了下来，高拱被迫回到河南老家养老。可是，冯保还不解恨，这次，打算诬蔑他为主使，将他置于死地。

听说了此案有可能要牵涉到高拱，朝廷重臣葛守礼和杨博找到张居正，力劝他不要对高拱赶尽杀绝。面对着朝臣们的压力，张居正只好奏请小皇帝朱翊钧，让冯保与葛守礼和左都督朱希孝三人会审。大堂之上，王大臣的供状让冯保大吃一惊，他不但没有随便诬陷高拱，还把冯保和其家奴交代他的事情全盘托出。现场的冯保尴尬万分，他只好派人给王大臣灌下了一杯生漆酒，让他不能再讲话。

朱翊钧身边有位殷姓老太监，已经七十多岁了，他眼看冯保和张居正联手要陷害高拱，于心不忍。于是，他跪在了朱翊钧面前，声泪俱下地劝说道："万岁

第十一章 明神宗朱翊钧

爷,不要听信冯保胡说,高阁老是忠臣,怎么可能想要刺杀圣驾。"他又对站立在皇上身旁的冯保说:"万岁爷年幼,你应该辅佐万岁爷做些好事,你如果做了此事,我们宦官也要受到牵涉,不知道要死多少人,此事万万做不得。"老太监这一番说辞深深打动了少年天子朱翊钧,他打算给此案一个了断。

正月二十八日,朱翊钧来到文华殿,召集文武重臣会议。张居正主动上奏,说王大臣随意攀指主使之人,东厂连日审讯并无结果,如果此案拖延太久,会造成人心不稳,请求尽快结案。几天之后,刑部、都察院和大理寺三法司共同会审,最后将已经不能说话的王大臣处斩结案。

小皇帝朱翊钧的学习生涯

应该说,小皇帝朱翊钧的读书学习生活是极其充实而忙碌的。万历元年(1573)二月的一天,紫禁城文华殿内,一个少年正襟危坐,正在目不斜视、全神贯注地听讲。讲官是一位五十岁上下年纪的老臣,他声音洪亮,讲解仔细认真。少年正是登基才一年的朱翊钧,而讲官正是内阁首辅张居正。明朝皇帝有两种学习方式：一种被称作日讲，一种称作经筵，"经"是翰林学士或者有学识的大臣给皇上讲解经书；"筵"是讲官讲解完毕后，皇上赏赐讲官们的筵席。朱翊钧的日讲开始于隆庆六年（1572）八月，经筵开始于万历元年（1573）二月。朱翊钧对张居正从不直呼其名，而是尊称他为"张先生"。

张先生对朱翊钧的功课要求十分严厉，为他制定了严格的日程表，他特意叮嘱小皇帝不要因为一点小事就停止学习。朱翊钧每月三、六、九日要上朝，每月逢二日举办经筵，剩下的天数都要举行日讲，就是休息时间，他还时常与张先生在文华殿后面的暖阁促膝长谈。这时正是少年皇帝跟张居正关系最为融洽之时。

张居正希望"致君尧舜"，少年天子可塑性强，他极力要将这位资质聪颖的天子打造成为一代圣主，从而得以名垂青史。张居正竭尽腹中所学，将历代明君贤臣的故事讲授给朱翊钧，希望小皇帝也能做这样的圣君明主。隆庆六年（1572）十二月，为了激发小皇帝的学习兴趣，张居正特意编纂了一套图文并茂、浅显易懂的教材，名曰《帝鉴图说》，他从尧舜禹以

第十一章　明神宗朱翊钧

来的历代帝王里面挑选了可以取法学习的榜样故事八十一则，可以警诫的作恶故事三十六则，并在每一个故事前面配上插图。日讲时，这本书就作为教材，一直给朱翊钧讲授了四五年之久。可以说，张居正的苦心没有白费，这套教材给予朱翊钧极大的教育，对他前中期的开明政治起到了重要作用。

朱翊钧的学业有了长足进步，当然，张居正不希望他成为一个死读书的书呆子。张居正为了使小皇帝早日熟悉国家政务，仿唐太宗、明成祖的做法，绘制了一幅巨大的天下疆域地图，然后把它悬挂在文华殿后墙的书屏之上，并分别列出了文武官员的姓名、简历等。张居正提醒小皇帝要朝夕观看，烂熟于心，只有这样，才能对地方官员情况了如指掌。

万历八年（1580）十二月间，张居正又将明太祖朱元璋的宝训和历代实录编纂成了四十则分类目录，以便于小皇帝能熟知本朝列祖列宗治理天下的不易。如此悉心的教育下，小皇帝的各方面知识大有长进，君臣二人的关系也更加密切。张居正偶感风寒，朱翊钧亲自调药派人送到张居正面前。天冷了，朱翊钧担心张居正受寒，特意命侍从在张居正脚下垫上垫子，天热时，他又担心张先生中暑，命侍从为张先生摇扇子。君臣这种融洽的感情一直持续了很长时间，这也为张居正改革提供了最为坚实的保障。

被压抑的少年天子

游戏是儿童的天性，尤其是对于贵为一国之君的朱翊钧来说，他也希望在繁重的课业之外，身心得到放松和娱乐。但是母亲李太后和内阁首辅张居正一直想把朱翊钧培养成为圣明君主，两人对朱翊钧要求十分严格，用儒家的规范来塑造他，将小皇帝的娱乐严格限定在练习书法、背诵古诗文的范围之内。李太后如果发现他因为贪玩耽误了学业，就会罚跪。而张居正和冯保如果发现小皇帝在宫中嬉闹玩乐，就会在李太后面前告状，并处罚引导小皇帝嬉闹的宦官。在他们的严格管束下，童年的朱翊钧很少有机会娱乐。

不但如此，每逢上早朝，五更天李太后就要把熟睡中的朱翊钧喊醒，命令宦官将睡眼惺忪的小皇帝扶起来，然后给他洗脸漱口，然后带他出门上车，到前朝大殿上早朝。来到大殿，看到下面黑压压一片站立的大臣们，朱翊钧还要强撑着精神，做出一副庄严的

第十一章 明神宗朱翊钧

表情,按照程序回答朝臣们的请示。每天日出时刻,朱翊钧还要赶到文华殿,听张居正和其他讲官讲授经书。

在如此严格的管束下,朱翊钧好玩的天性很大程度上被压抑了,他只能老老实实按照太后和元辅张先生的要求,认真学习儒家治国道理。万历二年(1574)闰十二月二十日,朱翊钧在文华殿听讲时,问张居正:"元夕的鳌山灯会烟火,是不是祖制?"张居正严肃地回答道:"不是,这开始于成化年间,是以侍奉母后的名义举办的,当时就有很多大臣劝谏。隆庆以来,每年元夕都有灯会,花费巨大,我们应该以此为戒,不再举办。"小皇帝有些失望地说:"鳌山灯会不一定要聚灯为棚。将灯悬挂在殿上,也是可以观赏的,不用那么浪费。"太监冯保从旁插话道:"以后天下承平日久,可以偶尔举办一两次。"小皇帝可怜巴巴地说:"只要朕能看上一次,就等于看了千百次,也觉得心满意足了。"没想到,张居正仍然板着脸,严肃地说:"以后皇上需要花费的地方很多,现在就要注意节俭,储蓄急用,否则就是搜刮民脂民膏也没用。"朱翊钧附和道:"朕也知道天下百姓困苦。从明年元夕,罢鳌山灯火。"

朱翊钧被压抑的天性也会偶然喷发。乾清宫小宦官孙海和客用等经常引导小皇帝游戏，深得朱翊钧宠幸。孙海、客用每日引诱朱翊钧夜游，在别宫饮宴，身穿窄袖小衣，舞枪弄棒。而且二人还时常找些稀奇古怪的玩具，来博取小皇帝的欢心。冯保在李太后面前告了一状，孙海、客用等人被李太后下令驱逐。张居正依然不依不饶，要求小皇帝下罪己诏承认错误。这个事情过后，朱翊钧从内心开始对张居正和冯保产生了不满。

朱翊钧虽然口头上承认了错误，实际上却仍然时常和宦官们在一起胡闹嬉戏。有一次，朱翊钧在西苑和宦官们饮酒作乐，酒过三巡，朱翊钧兴致勃勃地命令一个小宦官演唱一段新曲子来助兴。没想到，这名小宦官却说不会。恼怒的朱翊钧拔出佩剑，就要刺向那名小宦官，多亏了其他宦官拦下，为他拼命求情。最后，朱翊钧想起了《三国》里面的桥段：曹操曾经割发代首。于是，他将这名小宦官的头发割下作为惩罚。此事很快为李太后得知，她勃然大怒，认为这是昏君的表现。她派人将朱翊钧喊到自己身边，命他跪

第十一章 明神宗朱翊钧

下，怒斥他："你这样胡闹，以为我奈何你不得吗？皇位只有你才有资格来坐吗？！"说完，李太后命身边的冯保去内阁拿《霍光传》，这明显是要效仿霍光废除昌邑王刘贺的故事，打算废掉朱翊钧，另立他的弟弟潞王为帝。朱翊钧听了之后，十分害怕，他跪在地上很久，痛哭流涕，表示以后再也不敢如此胡闹。就这样，李太后才最终让他回宫，打消了废立的想法。

尽管在李太后、张居正、冯保等人的监督管理下，朱翊钧的游乐受到很大程度上的压抑，但是，一旦他亲政，原本被压抑的天性会井喷式地表现出来。这些，也是李太后等人始料未及的。

大高玄殿里的帝后密誓

在北海之东，万岁山之西，有一座宏伟的皇家道观，被称作大高玄殿。嘉靖二十一年（1542）四月，朱厚熜为了在节庆日举办盛大的道教仪式，就在皇宫附近建了这座大高玄殿。在万历年间，朱翊钧和自己的宠妃郑贵妃还在这里上演了"海誓山盟"的一幕动人故事。

郑贵妃，北京大兴人，万历十年（1582）三月，十四岁的她被册封为淑嫔。郑氏美丽聪颖，天真烂漫，活泼开朗。她不像其他嫔妃一样，在朱翊钧面前低声下气，百依百顺。郑氏调皮起来，也会公然从后面抱住皇帝，摸着他的脑袋，喊他老太太！这种在别人看起来大不敬的举动，在朱翊钧看来，却是充满了情趣，他觉得只有在郑氏这里，他疲惫的身心才能得以彻底放松。

于朱翊钧而言，郑氏是情侣，更是知己，他无可救药地爱上了郑氏，须臾也不能分离。朱翊钧给了她贵妃的尊崇，她已经是紫禁城内除了两宫太后和王皇后之外，最尊贵的女人了。万历十四年（1586），两人爱情的结晶诞生了，皇子朱常洵的诞生让二人的感情更加牢固。不过，对于朱翊钧和郑贵妃来说，一切还不够圆满。王恭妃，本是慈宁宫李太后身边的宫女。万历九年（1581），朱翊钧前往慈宁宫向母后请安，恰好看到了颇有姿色的王宫女，他一时兴起，就临幸了她。谁也没想到，只因为这一次临幸，王宫女就怀了朱翊钧的孩子。李太后知道了这事情之后，在一次宴席上，向儿子提到此事。朱翊钧还想矢口否认，李太后命宦官取来了《内起居注》，这上面明明白白记载了皇帝临幸王宫女的时间、地点。朱翊钧闹了个大红脸，只好承认此事。李太后说："我老了，还没抱上皇孙，如果她生个男孩，也是江山社稷之福。"

朱翊钧本对王宫女没有什么感情，可是李太后十分喜欢她，并在她的力主之下，万历十年（1582）六月，王氏被册封恭妃。同年八月十一日，王恭妃产下一子，是为日后登基为帝的明光宗朱常洛。王恭妃端庄贤淑，按理说是一个贤惠的女子，可是，对朱翊钧来说，还是郑贵妃那种类型的女子，更能吸引他。朱翊钧爱屋及乌，对三皇子朱常洵十分喜爱，怎么看怎么喜欢，觉得这孩子眉眼五官处处都像自己。王皇后多年无子，看样子，生育皇子的可能性已经极其渺茫。日后，朱翊钧的帝位按照无嫡立长的原则，就要传给皇长子朱常洛，而不是自己最喜欢的三子朱常洵。每每想到这一层，朱翊钧和郑贵妃就十分闹心。

树欲静而风不止，外廷的大臣们可不管皇帝的心情，他们以礼法为重。万历十四年（1586）二月初三日，内阁首辅申时行递上了一封奏疏，请求皇帝册立皇长子为东宫太子。这样，一场波及万历朝长达三十八年之久的国本之争揭开了序幕。紧接着，朝中群臣纷纷上疏要求朱翊钧尽快立太子以稳定国本，朱翊钧在群臣的奏疏中吹毛求疵，找了一些小的过错，以此为借口拖延册立之事。群臣要求册立太子的事情，传到了郑贵妃耳中，她感觉到时不我待，为了自己的儿子要努力争取一下了。万历十七年（1589）十月的一天深夜，朱翊钧和郑贵妃来到了大高玄殿。这里供奉着真武大帝，据说十分灵验。朱翊钧和郑贵妃来到殿内，他对着真武大帝之像许下誓言，将来要将皇位传给三皇子朱常洵。许下誓言之后，朱翊钧还亲笔写下一封御书，里面写着要立朱常洵为太子的许诺，然后他郑重其事地将这封御书封在一个玉盒之中，亲手将玉盒交给了郑贵妃，让她保管。郑贵妃激动万分，将这玉盒保管了起来。

之后，朝臣们的争储之议越发激烈，尽管朱翊钧使出了浑身解数，拖延加试图瞒天过海，但是在满朝文武群臣的压力下，加上李太后的坚持，朱翊钧不得不违心地立皇长子朱常洛为太子。既然太子已立，那个玉盒就没有什么价值了，朱翊钧命人到郑贵妃处去取回玉盒，上面的封识依旧，打开之后，他大吃了一惊，里面的御书已经被蛀虫吃得支离破碎，"朱常洵"

的名字早已荡然无存。面对此情此景，朱翊钧深信这是天意使然，他只好安慰爱妃不要伤心了。而郑贵妃也只好暂时按捺下争储的想法。这场帝后密誓还是抵不过朝野内外的巨大压力，而最终成为一场不能实现的美梦了。

朱翊钧的宫廷娱乐生活

在李太后和张居正的严格管教下，朱翊钧童年的娱乐活动极其有限，书法是他的一项重要爱好。他经常临摹赵孟頫、王羲之、王献之等书法名家的字。十多岁的朱翊钧已经写得一手好字，张居正对他的书法也赞不绝口。朱翊钧也以此扬扬自得，时常将自己写的书法条幅赏赐给大臣们。

万历十年（1582），首辅张居正病逝，朱翊钧开始亲政，不久，他又驱逐了冯保。从此以后，朱翊钧的娱乐生活少了很多约束和管教，他玩耍休闲的花样也越来越丰富多彩了。在夏夜，明月当空之时，朱翊钧命人从轻罗制造的囊袋中放出无数萤火虫，然后让宫女以团扇争相扑捉，如果萤火虫落在了谁佩戴的簪子上，他就会临幸谁。为了得到皇帝的宠幸，宫女们争相将香水洒在簪子上，以吸引萤火虫落在上面。秋季，朱翊钧还有一种玩法，也就是在红叶之上题写唐人王建宫词前两句，然后让宫女在另一片红叶上题写后两句，然后将两片红叶一起放入御沟，如果两片红叶相互叠加，则书写宫词后两句的宫女必然会得到宠幸。

朱翊钧还喜欢骑射。万历十四年（1586）九月，朱翊钧在宫中骑马，他在宦官帮助下，翻身上马，纵横驰骋。没有想到，他马术不精，不慎从马上翻落在地。额头还被跌破了一大块，鲜血直流。为了防止外廷大臣们知道此事，然后又连篇奏疏劝谏，朱翊钧只好以身体不适为借口，更改了上朝日期。不过，此事还是被大臣们知道了，大家纷纷上奏劝谏皇上以后不能恣意而为。除此之外，朱翊钧还在宫中举行过阅武活动。朱翊钧还在禁苑中圈养了虎豹猛兽和海外珍禽。朱翊钧十分喜欢猫儿，后宫嫔妃也纷纷养猫，从宦官处领取赏赐。

朱翊钧早年十分向往鳌山灯会，在群臣和母后的严格监督下，一直没有机会举办。直到万历三十三年（1605），朱翊钧才实现了自己长久以来的愿望。这一

第十一章 明神宗朱翊钧

年的正月元旦，朱翊钧举办了盛大的鳌山灯会。千百个灯笼争相斗艳，照耀得皇宫如同白昼，朱翊钧被眼前这壮观的一幕惊呆了，两只手在不停地鼓掌，兴奋得满脸通红。朱翊钧还喜欢观赏戏剧。他在玉熙宫上演海盐、昆山等各派流行戏剧，演员阵容庞大，有三百人之多。演出的内容多是市井传闻和百姓故事，这些都是身处深宫的朱翊钧闻所未闻的，他十分喜欢观看这些演出。玉熙宫的优伶借助皇上的宠幸，时常干预外事。朱翊钧知道后，就减少了演出的次数，这些优伶才有所收敛。朱翊钧对两宫太后十分孝顺，每当节庆之日，他都要在乾清宫大殿内摆设两宫太后的座次，以贵嫔为引导，朱翊钧事先站立在云台门下恭候两宫太后圣驾。当仁圣太后陈太后到了景运门，慈圣太后李太后到了隆宗门时，朱翊钧远远望见，便跪倒在中间迎接。两宫太后的轿子到了乾清门时，朱翊钧站立起来，然后王皇后上前扶陈太后轿子，郑贵妃过来扶李太后轿子，导引她们进入乾清宫。升座之后，朱翊钧亲自捧杯放在几案之上，并献上美味佳肴。之后，戏剧开场，两宫太后边看边欢笑不已。

龙舟之戏是朱翊钧喜欢的另一个项目。朱翊钧经常乘坐龙舟在太液池游玩。宫中还有划龙舟的游戏，朱翊钧经常携带宫眷观看，还命大臣们进诗词对联为乐。因为受到万历中后期朝廷"国本之争"的影响，加上朱翊钧常年有病，他开始身处宫廷，再也不迈出宫门一步。在沉闷的紫禁城中，朱翊钧以一些新奇的游戏来打发时光。他发明了一种"豆叶戏"游戏，又称作"掉城戏"。这种豆叶戏有大小两种玩法。小规模玩法是用一块彩色罗绢，绣上一个"井"字，将其划分为九营。中间的一营是上营，东西南北四个正方向的营是中营，四个边角的营是下营。玩的时候，宫女用银钱或者小银球投掷，如果投掷中了上营赏赐九两白银，投中了中营赏赐白银六两，投中下营的只有赏银三两。若是有人运气好，同时抛出两枚银钱中的，就双倍奖赏。除了奖赏，还有惩罚。如果是银钱被抛掷到了营外或者压着井字，就要罚银六两。这种豆叶戏也有大规模玩法。在皇上前方十余步开外，画上一座方城，里面用数个十字画成八个部分，也就是八城，每城写上银三到十两不等。具体玩法是宦官用银豆叶或者八宝投掷，落在某城，就按照上面所写银两数赏赐，如落在城外或者压线，就会没收宦官投掷的银豆叶或者八宝。朱翊钧对这种游戏十分热衷。但是万历末期，辽东的抚顺、开原等城相继落入后金之手，这种"掉城"游戏被视为不祥之事，于是，宫中开始禁止。

万历中后期，随着利玛窦等传教士进入中国，他们带来的自鸣钟、铁丝琴、耶稣像、万国地图等新奇玩意深深吸引了朱翊钧。朱翊钧为了欣赏西洋乐器的演奏，特意派出宦官到了利玛窦那里学习琴艺，利玛窦写就了《西琴曲意八章》，由小宦官们为朱翊钧经常演奏，对此，朱翊钧十分喜欢。

第十二章　明光宗朱常洛

——一月天子、悲情人生

朱常洛，属马，庙号光宗，年号泰昌。他生于1582年，卒于1620年，在位仅一个月，享寿三十八岁。朱常洛是朱翊钧长子，也是他一次偶然宠幸宫女所生。因为生母出身低贱，朱常洛自幼就不被父皇待见，常常遭受冷落。朱翊钧中意于皇三子朱常洵，在立储问题上几经波折，掀起了一场立储之争。朱常洛经历了梃击案、妖书案、国本之争，可以说他的前半生充满了坎坷，饱受挫折。万历二十九年（1601）十月，朱常洛终于被父皇立为了皇太子。在这场国本之争中，共有内阁首辅四人辞职，涉及部级官员十多

第十二章 明光宗朱常洛

人、中央和地方官员三百多人。万历四十八年（1620）七月，朱翊钧驾崩，朱常洛即位，宣布改元明年为泰昌。在登基大典上，朱常洛行走仪态正常，没有什么生病的迹象。朱常洛发银二百两犒劳边关将士，罢免矿税、榷税，增补阁臣，朝野上下一片欢呼。朱常洛登基后不久，就一病不起，在登基一个月之后，就驾

明光宗朱常洛

崩了。朱常洛的一生颇为不幸，经历坎坷，饱受挫折，虽然贵为天子，很多方面还不如普通人幸福。

梃击案

万历四十三年（1615）五月四日傍晚，一名叫作张差的男子，手持一根枣木棍，突然闯入了太子朱常洛居住的慈庆宫。因为朱翊钧对太子不待见，所以慈庆宫的护卫工作一直不受重视。事发当天，宫门口只有两个上了年纪的老太监看守。其中一名老太监叫作李鉴，他见来人奇怪，连忙上去喝问，结果被来人一棍子打倒在地。随后，张差闯进了慈庆宫，见人就打，一直打到了殿檐之下。宫中顿时乱作一团，慌乱之中，宦官韩本用招来了七八个人，才将张差制服了。一帮人将张差扭送到了东华门守卫处。闯宫者被擒，太子朱常洛奏报朱翊钧，朱翊钧命法司审讯。经过御史刘廷元审讯，得知张差是蓟州井儿峪人，语言颠三倒四，似有疯癫之嫌。初八日，刑部等法司官员继续会审张差。这次张差与上次口供截然相反，他说闯宫是为了申冤。据张差说，太监庞保和刘成在黄花山修铁瓦殿，李自强、李万仓等人因为要送灰到内监，他们乘机强买张差的柴。张差不服从，一夜之间柴被烧毁。张差认为是李自强等人放火烧柴，到了内监那里投诉。没想到内监不理，张差又被拘留，他气愤不过，导致了癫狂病发作。四月间，张差来到京城打算入朝喊冤。没有想到五月四日，从东华门进入皇宫，误打误撞，到了慈庆宫门前。

几天之后，刑部提牢主事王之寀觉得案情有疑点。他暗中审问张差，张差供认说有马三舅、李外父两人将他带到了一个不知姓名的宦官那里，张差跟随这名宦官入京。在一个不知名的街道大宅子内，一个宦官给他饭菜并一根棍子，让他打进宫去，见一个打一个，王之寀等刑部官员觉得案情蹊跷，决定重审。

二十日，刑部会审张差，这次张差交代的与其对王之寀所言大致相同，只是更加详细。他说带他来京城的是庞保，给他棍子的是刘成。两个人告诉他，打到东宫太子那里，保他好吃好穿。朱翊钧得知此审讯结果，心中十分紧张，庞保和刘成都是郑贵妃宫中太监，如果按照供词追究扩大，必然将郑贵妃牵涉进去。郑贵妃对此心知肚明，她亲自向皇太子朱常洛解释，请求出手相助。朱常洛也不想事态扩大，于是对郑贵妃好言安慰。朱翊钧知道了太子的态度后，决定在慈宁宫召见群臣。

二十八日上午，朱翊钧戴白冠着白袍，皇太子朱常洛戴翼善冠着青袍接见了群臣。朱翊钧首先开口道："自圣母升遐，朕哀痛不已。每逢岁时和祖宗忌日，必然亲自到慈宁宫圣母座前行礼，不敢懈怠。前几日，有个叫张差的疯癫之人闯入慈庆宫伤人，外廷有很多传闻，你们谁没有父子？竟然要离间我们父子，如今此事只需要将犯人张差、庞保、刘成凌迟处死，其他人不许波及。"说着，他又拉住了朱常洛的手，亲切地说："这个儿子极孝顺，我很喜爱。"然后，他又转身，面对群臣说："太子已经是盛年，如果我有别的意思，何不很早就改立太子。福王已经在洛阳就藩，没有我的宣召，他岂能入京？"朱翊钧又让太监将三位皇孙（其中两位是朱由校和朱由检，这次慈宁宫召见群臣，也是历史上难得的祖孙三代四位皇帝齐集一堂的场景）牵到了石阶上，让大臣们一一相认。朱翊钧接着说："我的儿孙都已经长大成人，还有什么话可说。"太子朱常洛又对群臣说："像张差这样疯癫之人，正法算了，不能连累其他人，我父子何等亲爱，

第十二章　明光宗朱常洛

外臣却议论纷纷。你们愿意做无君的臣子，难道也一定要我做不孝之子吗？"朱翊钧接着说："你们听到皇太子是怎么说的了吧？"这次召见为梃击案定了调子，张差因为疯癫闯宫，与其他人无关。第二天，张差被处死，六月间，庞保和刘成被杖毙于内廷。这样的处理结果，是支持福王的势力和朱翊钧本人希望看到的，也是太子希望的结果。梃击案的善后处理稳定了宫廷，避免了政治动荡。不过，此案依然疑点重重：疯癫之张差如果无人指点，怎么会初入皇宫就能找到慈庆宫？若真是郑贵妃一伙指使他打杀太子，仅凭一人持棍就能杀掉太子？此等拙劣手段怎能见效？若真是郑贵妃要杀害太子，太子朱常洛能如此宽宏大量，不计前嫌？种种疑点都指向太子朱常洛，似有这种可能，梃击案也许是太子自导自演的一出苦肉计，敲打郑贵妃一派，让他们不能再对自己的太子地位形成威胁，也未可知。

红丸疑案

朱常洛登基之后，打算有一番作为。他在东林党支持下，将天下矿税罢除，各地税监张烨、马堂、胡滨、潘相等人都被召回。万历末期，因为三大殿被烧毁，一时未能重建，百官只能在狭窄的文华殿上朝。朱常洛即位后，发内帑二百万，兴建皇极门和皇极殿。朱常洛本想继续有所兴革，但是谁也没有想到，登基十天之后，他便一病不起。

病根今天已经无从查考，但是沉迷于声色的可能性不大，应该跟朱常洛长期处于压抑状态有关。朱常洛的大半生生活在压抑和痛苦之中，人长期处于这样的环境下，必然会对身体健康造成致命的伤害。再加上，登基之后，政务烦琐，这也加重了朱常洛身体的负担。这时候司礼监秉笔太监掌御药房的崔文升给光宗进献了一个"妙方"。

崔文升原是神宗郑贵妃身边的内侍，光宗即位后，他升任了司礼监秉笔太监并兼掌御药房。光宗病倒了之后，给事中杨涟听到小道消息，说崔文升给皇帝用药失误，导致皇上一病不起，这背后是郑贵妃所指使。杨涟上疏弹劾崔文升说他误用大黄药，导致了圣体受损，要求严厉处置崔文升。可是崔文升进药导致光宗病重之说，却是疑点重重。在东林党魁叶向高领衔编纂的《大明光宗贞皇帝实录》中，有这样的记载：面对群臣的上疏弹劾，光宗对崔文升却并没有任何处置，只是回应群臣已经有旨。试想，宫内御医众多，若真的是崔文升用药失误导致光宗病情加重，他岂能如此回护一个太监？光宗病重之际，群臣包括杨涟都奉旨问安，光宗亲口对他们说他在东宫时候就感染过寒症，一直调理未能痊愈。登基之后，诸事繁杂，劳累悲伤又导致病情加重。他已经半年没有用过药了，作为大臣，不要听信外间的流言蜚语。

应该说，光宗的死确实跟李可灼进献的红丸有关，那个红丸是压倒骆驼的最后一根稻草，加速了本来就病入膏肓的光宗死亡。朱常洛的病越发沉重，八月二十九日，他在乾清宫召见了阁臣方从哲、韩爌等十三名官员，托付后事。朱常洛看了一下皇子朱由校，对群臣说："卿等辅佐他为尧舜。"说完，朱常洛又询问了一下自己陵寝之事。当时，鸿胪寺丞李可灼说自己有红丸仙丹，并通过太监奏报给朱常洛。朱常洛见自己病情紧急，抱着试一试的态度，命李可灼进药。当时内阁大学士刘一燝曾经劝说朱常洛："李可灼故乡有两人曾经服用这种药，一个好了，一个病情加重，这不是万全之药。不能轻易尝试啊。"但是，朱常洛病情紧急，已容不得他多想。朱常洛在服下汤药之后，感觉病情有所缓解，连称李可灼是忠臣。

感觉良好的朱常洛命李可灼再进一丸，御医都劝说皇上不可太急，但是朱常洛却催促不已。无奈之下，李可灼又进一丸，朱常洛服用下感觉还不错。但是，没有想到，第二天（九月初一日）早晨，朱常洛就龙驭宾天了。

第十三章　明熹宗朱由校

——鲁班天子、错位帝君

朱由校，属蛇，庙号熹宗，年号天启。他生于1605年，卒于1627年，在位七年，享寿二十三岁。朱由校的生母是皇太子朱常洛身边的王选侍，生母病逝后，朱由校被朱翊钧托付给了李选侍抚育。在经历了一场移宫案后，朱由校得以登上帝位。由于以杨涟、左光斗等人为首的东林党官员在拥立朱由校的过程中，立下了大功，朝中一时出现了东林党"众正盈朝"的局面。天启年间，明朝面临着内忧外患的局面。东北辽东，努尔哈赤的后金强势崛起，攻城略地，给明朝造成了很大的困扰。朱由校不得不把帝国大量的人

天子之居

力物力用于东北边防。另一方面，朝廷中党争不断，朱由校扶持大太监魏忠贤对抗东林党势力，魏忠贤掀起了几次血雨腥风的大案，东林党势力遭受了沉重打击。阉党专权后，朝廷政务并没有明显起色，帝国沿着下滑的轨迹走向了深渊。朱由校虽然不是文盲，处理政务也有一定的能力，但总体来说，他沉迷于木匠活和各种娱乐之中，过于信赖魏忠贤，造成了党争加

朱由校

剧和朝廷离心力的扩大，对明朝的衰亡，他负有不可推卸的责任。相对于政治才能来说，也许朱由校更适合当一个木匠，而不是治国理政、力挽狂澜的皇帝。错位的角色，这是他的悲剧，也是大明王朝的悲剧。

移宫之争

万历四十八年（1620），是明朝历史上极其不寻常的一年。这一年出现了两个年号，该年正月到七月是万历四十八年，而八月到十二月为泰昌元年。不仅如此，在短短几个月内，相继有两位皇帝驾崩，两位皇帝登基。在皇位更替的过程中，连续发生了"红丸案"和"移宫案"两起宫廷大案，它们与万历四十三年（1615）的梃击案，合称为"明末三大案"。

光宗朱常洛驾崩时，其长子朱由校虚岁十六，朱常洛在临终托孤时，要求大臣们辅佐他做尧舜一样的帝王。虽然朱常洛没有来得及册封朱由校为太子，但在他即位的合法性方面，是没有任何问题的。朱常洛较为宠爱居住在西厢的李选侍，这位"西李"就肩负起了抚育皇子朱由校的重任。李选侍在乾清宫居住并服侍朱常洛，她与郑贵妃关系密切，二人相互声援，一个想当太后，一个想当皇后，为了共同的利益，二人结成联盟。由于东林党在"争国本"中，与郑贵妃积怨已深，他们一起抵制郑贵妃的太后梦，朱常洛也因为群臣的反对将郑氏封太后之事作罢。郑贵妃一看形势不妙，只好知趣地从乾清宫移居到了慈宁宫。

八月初十日，朱常洛曾经下谕封李选侍为贵妃，礼部尚书孙如游以先册立东宫为辞，要求推辞封贵妃之事，朱常洛先是答应，后又在李选侍的劝说下，以皇长子体弱为借口，暂缓了太子册封典礼。李选侍看朱常洛病重，又千方百计要求皇上封自己为皇后。可是，在群臣的极力抵制下，李选侍的皇后梦又破灭了。就这样，朱常洛突然驾崩，李选侍得到消息后，与心腹宦官李进忠密谋，将朱由校牢牢控制在手中，命令宦官手持木棒，严禁群臣进入，以此为要挟，迫使群臣答应她的册后要求。

不久，群臣得知皇上驾崩消息，大家一起奔向皇宫，途中，吏部尚书周嘉谟等人与兵科都给事中杨涟谈到拥立新君之事。群臣一致认为应当拥立皇长子朱由校，有人提出新君拥立后，仍然由李选侍照看，杨涟以防止妇人干政为辞，表示强烈反对。然后，杨涟

第十三章 明熹宗朱由校

建议，大家到了乾清宫面见皇储之后，先山呼万岁，然后将朱由校拥出乾清宫，请他暂居在慈庆宫。群臣到了乾清宫门，却看到一群宦官手持木棒挡在了门口，不许任何人进入。杨涟上前厉声怒吼："皇帝宣召我们进宫，现在皇帝已经驾崩，你等不许我们进入，意欲何为？"说完，他冲了上去，将守门宦官推搡到一边，直接带着群臣闯入了乾清宫。太监王安向李选侍转达了群臣要见朱由校的请求，还劝说了一番。李选侍一时心动，答应让朱由校跟着王安面见群臣。朱由校一走，李选侍又后悔，连忙去拉朱由校的衣角，却被王安抢上前去，抱起了朱由校就走。在乾清宫前殿，内阁大学士刘一燝、杨涟等官员跪倒山呼万岁，然后将朱由校扶上早已准备好的御辇之上。御辇刚抬起，李选侍身边的宦官们就追了上来，一边追一边高喊："哥儿回来，哥儿回来！"刘一燝等人连忙护着御辇奔跑，刘一燝还不时赶走追上来的宦官。就这样，两伙人一路追打着，险象环生。朱由校被抬到了文华殿，早已等候在那里的群臣拥立他为皇太子，然后他又被送入慈庆宫住下。

李选侍不甘心失败，打算将前往乾清宫参加先皇入殓仪式的朱由校再次扣留，在司礼监太监王体乾等再三力争下，朱由校才得以脱身。为了让李选侍彻底失去干政的可能性，自九月二日起，左光斗、周嘉谟等人逼迫李选侍搬出乾清宫。但是面对群臣的上疏，李选侍却置之不理，仍然赖在乾清宫不肯搬走。眼看就到了新天子登基的日子，李选侍不但不搬走，还说先帝曾经托付她照看朱由校，现在皇子登基为帝，她仍然要照管新天子。杨涟召集群臣在宫前厉声怒喝，要求李选侍搬出乾清宫。群臣如此坚决的态度，再加上朱由校下达的"即刻移宫"的旨意，还有王安在旁边恐吓，李选侍万般无奈地搬出了乾清宫，改居到仁寿殿。

事后，朱由校又下诏历数了李选侍种种罪过，并将生母王选侍之死算在了她的头上。他宣布收回给李选侍的一切封号。移宫案也终于尘埃落定。

反仆为主，紫禁城中的嚣张保姆

明朝天启年间的紫禁城。

这天，晴空万里，是个出行的好日子。忽听得宫内钟鼓齐鸣，紫禁城中间的大路已经被提前打扫得一

第十三章　明熹宗朱由校

尘不染，这时出现了一大队出行的人，前面是穿着蟒袍、戴着玉带的宦官开道，几百名宫女提着御炉，里面点燃着名贵的龙涎香，香雾缭绕，从远处看犹如仙境。队伍的呼喊之声，数里之外都听得真切。几千人的庞大队伍，着实壮观。各位看官一定以为这是皇帝出行，错了。那是太后？皇后？贵妃？都不是，且看队伍中间玉辇中端坐一人，盛服靓妆，俨如九天仙女下凡。路旁跪送的太监宫女齐声向着这位贵妇人大喊："老祖太太千岁！"声彻禁宫。这位贵妇人听到了却连头都懒得抬一下。她正是千古以来权势最大的皇家保姆——客巴巴。

这位客巴巴，客印月，乃河北定兴县农妇。她的丈夫叫侯二。两人有个儿子，名叫侯国兴。除了有几分姿色外，客巴巴是平凡得不能再平凡的一个农妇，如果按照正常的人生轨迹，她将是围着公婆、丈夫、孩子、灶头转，跟大明朝千万个普通女人一样默默无闻地终其一生。十八岁那年，她的命运开始彻底改变。这一年皇室为小皇子朱由校选保姆，按照明朝的规制，在京城东安门设有"礼仪房"，也就是民间俗称的"奶子府"，归于司礼监管辖。这里常年会养着四十名左右的奶妈以备皇室召用。通过海选，宫廷选中了正在哺乳期的客巴巴入宫做小皇子的保姆。说来也奇怪，刚出生不久的小皇子谁的奶也不认，哭闹不止，宫中人束手无策。可是客巴巴一到来，小皇子停止哭闹，开始吃奶。于是客巴巴的宫中生活开始了。作为小皇子的保姆，客巴巴是尽心尽力的。我们知道皇室无亲情，小皇子生下来后跟生母接触很少，可以说从小陪伴小皇子最多的，就是这位客巴巴。从儿童心理学上来说，为什么后来的朱由校对客巴巴那么宠幸，这也是可以用恋母情结的心理来解释的。朱由校缺失母爱的童年正因为有了客巴巴的陪伴才得以补偿这种心理缺失。

　　入宫两年以后，客巴巴失去了丈夫，从此更是把全部心思放在了小皇子身上。有一次客巴巴带着小朱由校在灌木丛中玩泥巴，突然小皇子的父亲朱常洛驾到。客巴巴赶紧将小皇子抱起，慌乱中，小皇子的手被棘叶刺伤出血，小皇子大哭不止。朱常洛轻抚着小皇子的手说："孩儿不要哭，手破了可以增寿。"然后他对旁边吓得颤抖不已的客巴巴和声说道："以后好好看护小皇子。"就这样，客巴巴陪伴了小皇子十六个寒

第十三章 明熹宗朱由校

暑春秋，直到他登基为帝，相信众人之中最开心的人就有客巴巴。继位的朱由校没有忘记保姆客巴巴的养育之情，于是封她为"奉圣夫人"，其子侯国兴、其弟客光先都被封为锦衣千户。

按理说，朱由校在当皇子时候到了四五岁上，保姆就应该出宫的。但是小皇子离不开他亲爱的保姆客巴巴，于是客巴巴得以一直在宫中居住伴驾。天启元年（1621）的二月，朱由校大婚，以大学士刘一燝为首的群臣更是力劝皇帝，让客巴巴尽快出宫。可是皇帝却告知群臣："皇后还年幼，也需要保姆的照顾，等皇爷爷下葬了以后再说吧。"朱由校的战术是拖，能多让客巴巴在宫里待一天是一天。后来终于再也找不到什么借口，于是客巴巴出宫。客巴巴出宫后，朱由校开始愁眉不展、茶饭不思，这么多年他已经习惯了他的生活里面有客巴巴的陪伴。于是客巴巴又回宫了。

在享受小皇帝恩宠的同时，客巴巴的感情世界也很丰富。一开始客巴巴在宫中的"对食"是太监魏朝，后来他改名王国臣。所谓对食也就是男女一起合伙吃饭，也就是临时夫妻的意思，这也是宫中漫漫无际的单调生活的必然产物。一开始这种事情被皇帝严禁，但是却屡禁不止，在晚明已经成为宫中的常态。没有对食的宫女还往往被他人嘲笑。随着一个年轻宦官的出现，客巴巴的心思转移到了他的身上。这人表面一副憨憨的模样，实则聪明伶俐。他就是后来大名鼎鼎的魏忠贤。只不过当时他还叫李进忠。客巴巴没有什么从一而终的观念，她同时在跟王国臣和李进忠交往，事情终于被王国臣察觉了。于是一场宫廷闹剧上演了。深夜已经熟睡的小皇帝朱由校被叫骂声吵醒。一起闻声而来的还有值班的太监们。

原来是李进忠和王国臣两人为了争夺客巴巴发生了激烈的打骂。小皇帝把当事人客巴巴叫到了身边，问她属意何人，他会为其做主。最后客巴巴的选择是李进忠，于是倒霉的王国臣不但丢了爱情，后来还被客、魏二人夺取了小命。小皇帝继位之初，客巴巴住在乾清宫西二所，后改住在咸安宫。客巴巴在宫中乘坐小轿，跟对待先帝嫔妃的礼仪一样，只不过是小轿缺少一顶青纱伞盖而已。夏天为了清凉，皇帝为她在大凉棚里面存储大量冷水，冬天则在大地坑里面存储大量的木炭。每次客巴巴的生日，朱由校必然亲临现场祝寿。而小皇帝朱由校的膳食也一直是客巴巴负责

第十三章 明熹宗朱由校

安排宦官来准备,号称老太家膳。皇帝也非常受用。客巴巴出行的排场接近帝后,宫中之人皆呼之为"老祖太太千岁"。

权势之大,恩宠之深其实已经让客巴巴不知不觉走上了自我毁灭之路。她跟魏忠贤串通一气,害死太监王安,又打击宫中得罪过她的嫔妃,污蔑朱由校的皇后张嫣是盗犯孙二之女,并安排宫女在给怀孕的张皇后按摩时故意加力,让她失去了自己的孩子。张裕妃更惨,就因为得罪了两人,最后被关在宫中活活饿死。恶贯满盈的客巴巴终于等来了自己的结局。

朱由校在位七年后病死,其弟朱由检继位,于是一场清算开始了。新皇登基,客巴巴再没有任何留在宫中的理由。于是她自己灰溜溜地上奏新皇,要求回到私邸。在这一日的五更天,宫门打开,从中走出一身衰服的客巴巴。昔日华彩照人的妆容不见了,一夜之间,客巴巴仿佛苍老了很多。泪水还挂在脸颊,她去仁智殿拜谒了先帝朱由校的梓宫。她颤颤巍巍地从怀中取出一个小匣子,里面装满了朱由校小时候的胎发以及历年剪下来的头发指甲和掉落的牙齿。原来这么多年她一直没有丢掉,视为珍宝一样地保存。她已经预感到自己的命运和下场，在痛哭一场后，将这些全部焚掉。烟雾之中，灰烬飞腾，带着她对朱由校的思念一起随风飘逝。

在随后朱由检清算阉党的行动中，客巴巴被送往浣衣局劳改，最后被皇帝派来的太监赵本政监刑乱棍打死。一切都结束了，其荣也忽，其灭也速，荣华富贵宛如井中月，水中花。不知道客巴巴在临刑时是否会想到她在权势最盛的时候，她那满头白发的老母亲曾经不厌其烦地劝过她要惜福，不要过于嚣张。

朱由校的快乐宫廷生活

朱由校的庙号是熹宗，以"熹"字为庙号的帝王，历史上比较罕见。"熹"字通"嬉"，含有游戏玩耍之意。早已对朱由校不满的阁臣们在拟定庙号时，就有意用"熹"字来影射讽刺他游戏人生的帝王生涯。朱由校自幼就活泼好动，精心读书对他来说，有时候真是一种折磨。春夏之际的万岁山，林木茂密，郁郁葱葱，加上时不时传来的鹿鸣鹤啸之声，真是一个玩耍踏青的好地方。有一次，朱由校来这里玩耍，抬头见树上有一个鸟巢，他童心大发，爬上树去掏鸟窝。没有想到，一失足，他从树上跌落下来，衣服被剐破，脸和手也出血了。陪同的小宦官们吓坏了，连忙扶起皇帝，帮他包扎伤口。而当时，魏忠贤和客氏正在离此一里地外的桥南荷花池游舟饮宴，对皇帝的遭遇竟然一点都没有察觉。

乾清宫丹陛之下有一个老虎洞，不知建于何时。洞内曲径相通，自然成趣。夜晚月上柳梢头之际，朱由校常常会带着小宦官们在这里玩捉迷藏的游戏。朱由校特别喜欢鲜花的香味，有一种叫作美人蕉的花，朱由校十分喜爱，经常将这种花摆放在御案上观赏。捉迷藏时候，朱由校先采集几朵芬芳鲜花放进衣袖里面，然后藏在老虎洞内。老虎洞虽然黑漆漆一片，但是朱由校随身所带的香花芬芳袭人，几步之外都能嗅到。宦官们凭借这种香味，就能寻觅到皇上的藏身之所。

夜晚之际，触铃游戏也是朱由校所喜爱的。朱由校命人在筵前悬挂一个银铃，命宫女们用锦帕蒙住头部，在银铃下来回走，如果宫女们相互碰撞，就被罚出局。若是哪个宫女触碰到了银铃，就将银铃赐给她。然后命人再系上一个银铃，继续这种彻夜不休的游戏。朱由校玩耍的方式丰富多彩，夏天，他喜欢在湖上泛舟玩耍，冬季，他又在湖上滑冰。阳春三月，朱由校乘坐龙舟在南海子泛舟，魏忠贤传令在水上操练军队。朱由校自任大帅，只见他一声令下，百舸争流，炮声隆隆，船队阵形也在不断的变换之中。长蛇阵、八门阵、乌鸦阵，朱由校看到精彩之处，眉飞色舞，下来犒赏三军。天色昏暗，朱由校传旨回宫，龙舟靠岸时，众人争先上岸，导致水波打湿朱由校的鞋子。众人惊惧求死，朱由校却不以为意，说："朕今日与众人同乐，怎么能因为这点小失误就怪罪你们，都赦免了！"

朱由校酷爱泛舟，最终还导致了落水事故。太监王体乾名下有一个御前牌子高永寿，年幼美貌，眉清目秀，酷似娇媚的女孩，宫中称这个小宦官为"高小姐"。宫中宴会，如果高永寿不到场，举座之人为之郁郁不乐。朱由校也十分喜欢这个高永寿，时常带他玩耍。天启五年（1625）五月十八日，朱由校兴致勃勃地来到西苑泛舟。他带着高永寿和刘思源登上了一个小龙舟，然后亲自操桨，在湖中荡漾游玩。突然，湖面刮起一阵大风，将龙舟掀翻，朱由校等三人落入

第十三章 明熹宗朱由校

湖中。三人都不会游泳,在水中拼命挣扎,在岸上的魏忠贤跳入水中试图救驾,却因为水性不好,远不济事。还是第一个跳入水中的宦官谈敬精通水性,他将朱由校拖出水中。高永寿和刘思源则因为抢救不及,溺水而亡。朱由校虽然被救出,却也因此落下了一场大病。

冬季,西苑湖水结冰,朱由校带着他那用红板做成的拖床来到冰面之上。这拖床四周有护栏,上面只设有一个座位,朱由校坐在上面,几个小宦官在两旁用绳子牵引,后面还有人手推,往返几次。

朱由校在魏忠贤的诱导下,还特别喜欢骑马射箭。他经常到万岁山,检阅御马监,让勇士们跑马射箭。魏忠贤精心从自己畜养的千余匹名马中,挑选上好的进献给朱由校。得宠的魏忠贤有时候也做出不规矩之事。有一次,在宝善门,他从朱由校面前驰马而过,全然不顾皇上就在面前,而且他还快马加鞭,飞驰而过。毫无心理准备的朱由校被吓了一跳,朱由校十分气恼,亲自挽弓,射杀了魏忠贤的坐马。马应声倒下,众宦官叩头山呼万岁,魏忠贤怏怏不乐,以身体不适为辞先行离去了。魏忠贤还打算开导朱由校效仿朱厚照巡行江南。于是，他命御用监制造了五彩围屏，上面描绘西湖、虎丘等名胜风景，放置在了御榻周围，让朱由校随时能目睹江南风光。不过，朱由校对江南美景好像不感兴趣，也没有提过巡幸江南之事。除了在禁苑打猎之外，朱由校对火器也较感兴趣。他经常让近侍宦官手持马铳练习射击。有一次，宦官王进在朱由校面前练习放铳，不承想铳身被高温烧断，打在了王进左手上。朱由校还从澳门的葡萄牙人手中购买了先进的英国加农炮，并在京城亲自观看了试放。朱由校对武事十分感兴趣，他在宫中开练内操，宫中的广场变成了练武场。朱由校带领三百名宦官，手举龙旗，在左边列队；张皇后统率宫女三百人，举凤旗，在右边列队。后来张皇后不喜欢这种游戏，朱由校又找一个健壮的宫女代替皇后指挥。

朱由校还喜欢观看戏剧表演。他尤其喜欢武戏，有一次，在魏忠贤陪伴下，朱由校在懋勤殿观看《宋岳武穆》一出戏。在戏文演到了疯和尚骂秦桧时，魏忠贤都故意回避不看，其他文臣都窃笑于他。朱由校最喜欢的还是做木匠活，由此也得了一个"鲁班天子"的称号。他喜欢摆弄锯子、斧头等，他亲手制造的梳子、盒子、床几、灯罩和漆器，巧夺天工，精美无比。朱由校还将完工的作品，交给宦官们，让他们到集市上出卖，经常能卖到一个好价钱。后来，朱由校已经不满足于制造一些小件器物，他开始营造栋宇和回廊曲室。如果有急切的奏疏，他一边做木匠活，一边侧身倾听宦官朗读的奏疏内容，听完后，朱由校说："你们用心去办，我知道了。"他最讨厌别人打断，魏忠贤曾经突然进来奏事，朱由校生气地说："朕用你们这些人是干什么的？老是来烦我。"高永寿喜欢蹴鞠游戏，朱由校就专门在宫中亲手造了蹴圆堂五间。

朱由校还会修理西洋钟表，还发明了水嬉。他的宫廷生活如此丰富多彩，但是大明王朝却一步步走向了衰落。天灾人祸不断，天启六年（1626）五月初的王恭厂大爆炸险些夺去了朱由校的性命。灾害发生时，在紫禁城内修建三大殿的两千多名工匠，坠落身亡。乾清宫的宝座和御案都翻倒在地。当时，正在进膳的朱由校连忙躲在了交泰殿的桌下，才躲过一劫。

自从天启五年（1625）五月中旬，朱由校在西苑落水之后，身体一直不好，到了天启七年（1627）五月，他已经卧床不起了。兵部尚书霍维华进献了仙方

"灵露饮",魏忠贤也想尽了一切办法,想要挽救朱由校的性命,一切都是徒劳的,朱由校在将帝位传给了弟弟信王朱由检之后,于天启七年八月二十二日在乾清宫驾崩,留下了一个内忧外患的大明帝国给弟弟。

第十四章　明思宗朱由检

——励精图治、无力回天

朱由检，属狗，庙号思宗（朱由检庙号很多，清朝上庙号为怀宗，南明方面上过思宗、毅宗、威宗等庙号，今暂取思宗庙号），年号崇祯。他生于1611年，卒于1644年，在位十七年，享寿三十四岁。朱由检的幼年并不幸福，父亲朱常洛是不受待见的太子，母亲刘氏又不被父亲所宠爱，朱由检五岁时，就失去了生母。朱由检先后被西李选侍、东李选侍所抚养。天启二年（1622），朱由检被朱由校册封为信王。朱由校驾崩之际，没有一个子嗣存活，作为朱由校唯一在世的弟弟，朱由检责无旁贷地从皇兄手上接过了大明帝

天子之居

国的权柄。朱由检登基之后，勤于政务，他力图中兴大明王朝，并为之付出了不懈的努力。他登基后，首先逼死魏忠贤，铲除了阉党势力，重新起用了东林党官员。在他登基之后，天灾人祸不断，陕西民变频仍，并且规模持续扩大。在不断与农民军作战过程中，老闯王高迎祥被杀，新闯王李自成和张献忠部又崛起，并且势力越来越大。与此同时，关外皇太极又

明思宗朱由检

不断入关侵扰，明朝面临内忧外患。与清军暂时和议的正确主张得不到贯彻，朱由检急于求治，十七年之内，不断更换内阁大臣，还杀死了他认为失职的七名总督，十一名巡抚。但是局势并没有得到缓和，反而更加糟糕。终于在崇祯十七年（1644）三月十九日，李自成的农民军攻入北京城，朱由检无奈之下，在煤山自缢殉国。

初为紫禁城之主

从皇兄手中接过大明帝国的权柄并成为紫禁城之主的时候，朱由检心中充满了彷徨和疑虑。天启七年（1627）八月十一日，朱由校已经处于弥留之际，他宣召皇弟信王朱由检入宫见驾。另一方面，魏忠贤和客氏一伙也在紧锣密鼓地密谋着。他们曾经计划令宫妃假称怀孕，然后将魏忠贤侄子魏良卿之子冒充宫妃之子，继承皇位。这样的安排必须获得张皇后的同意，但是，张皇后对客、魏早有不满，自然坚决反对这样的安排。就是在这样的严峻形势下，朱由检来到乾清宫探望皇兄。已经面无人色的朱由校看到弟弟来到，强撑着病体，在龙榻上起身，他紧紧盯着朱由检说："你应当做一个尧舜那样的君主。"朱由检听到这话，吓得连忙跪倒，连称死罪死罪。朱由校再三安慰劝勉，接下来又嘱咐朱由检："善待张皇后，魏忠贤可以任用。"魏忠贤在旁边语气温和地谦虚了一番，朱由检离开皇宫。十一天之后，朱由校驾崩，到了八月二十三日，魏忠贤宣读张皇后懿旨，公布了天启皇帝死讯，并派遣自己的党羽涂文辅、王朝辅迎接朱由检入宫。

朱由检来到了乾清宫后，内心十分恐惧，他忧心忡忡，担心魏忠贤一伙的加害。在来宫之前，王妃周氏就提前给他准备好了干粮——炒熟的米麦等食物，叮嘱他千万不能吃宫中一粒米，喝一口水。朱由检保持着高度警惕，到了夜晚，他秉烛独坐，看到了一名小宦官从他身前经过。他喊住小宦官，问其索要了身上携带的佩剑。朱由检又听到宫中巡夜之声，他起身前往慰劳，下了一道命令，让光禄寺准备酒食，赏赐这些巡夜的校尉。霎时间，校尉们欢声雷动。这欢呼声，多少排遣了朱由检心中的寂寞，可是，他对自己的前途命运仍然感觉到不安，当夜辗转难眠。

天启七年（1627）八月二十四日，在经历了漫长

第十四章　明思宗朱由检

的焦虑等待后,朱由检终于在皇极殿登上了皇帝宝座。有一次,朱由检在便殿翻阅奏疏,突然闻到了一股沁人心脾的香味,他不由得心动神摇。不过,他很快警觉起来,他找来宫女询问,宫女回答说这是宫中的旧方,是让皇帝动情含有春药的特制香料。朱由检大怒,下令焚烧了这些淫香,他感叹道:"皇考和皇兄都被这些东西害了!"原来,这是客氏和魏忠贤的伎俩,他们想以此诱惑并控制新皇。朱由检意识到,对魏忠贤的斗争迫在眉睫,他不动声色,夺取了魏忠贤的权力,并逼迫他自杀。随后,朱由检又钦定了逆案,将魏忠贤一党扫荡殆尽。通过初政的出色表现,朱由检掌握了朝廷大权,他意气风发,打算振兴积弊已久的帝国。

平台召见袁崇焕

铲除了阉党之后,朱由检又将目光转向了东北边疆。努尔哈赤建立的后金屡屡与明军对抗,多次南下侵扰,并占领了辽东大量土地。俨然已经成为明朝的心头大患,现在后金之主换成了皇太极,这是一个极难对付的角色。面对辽东不断严峻的局面,朱由检整顿军备，起用边才。他的一项重要举措，就是任命袁崇焕为宁锦督师。在辽东明军一败千里的情况下，袁崇焕曾经取得了广宁之役的胜利，这在当时对明军士气的鼓舞起到了很大的作用。

在皇宫建极殿（今保和殿）以北居中为云台门，其左右两侧为云台左右门，又称作平台。平台召见是明朝的一项制度，从万历中后期到天启朝，皇帝已经很久不在平台召见大臣了。朱由检即位后，从崇祯元年（1628）正月到八月间，频繁在平台召见群臣，共商国是。崇祯元年七月十四日，朱由检在紫禁城平台召见了蓟辽总督袁崇焕，大学士刘鸿训、李标、钱龙锡等。这次，朱由检十分重视与袁崇焕的谈话，他对辽东局势十分关注。一番慰问之后，朱由检转入正题，询问袁崇焕有什么办法能平息后金的侵扰，进而收复辽东失陷土地。袁崇焕回答道："臣已经在奏疏中说得具体明白，希望陛下能赐予我便宜之权，这样五年之内，可以收复整个辽东。"朱由检十分高兴，对袁崇焕说，若收复辽东，封伯封侯和奖赏，都是必不可少的，希望你能继续努力，解除辽东威胁。旁边，钱龙锡等阁臣也随声应和说："崇焕肝胆意气，识见方略，真乃奇男子也。"谈话告一段落，朱由检回便殿休息。给事中许誉卿问袁崇焕："你答应五年收复辽东，采取什么措施？人力和物力如何调配？困难如何解决？"袁崇焕的回答让他吃惊，袁崇焕说这只是为了安慰皇上急于收复辽东的心情，才这么说的。许誉卿大吃一惊，提醒袁崇焕："皇上是英察之主，如果不能按时收复辽东，皇上怪罪下来，你如何是好？"袁崇焕在他的提醒下，才意识到了问题的严重性。因此，在皇上休息后再次答对时，袁崇焕提出了具体的军饷和器械、用兵选将的要求，对此，朱由检样样都予以允诺。朱由检对袁崇焕满怀希望，还应他的要求，赐给他尚方宝剑。这次的召对，其实已经为日后袁崇焕的被杀埋下了祸根，臣子轻率许诺，皇上轻易相信，君臣之间都要为日后的悲剧埋单。

文华殿变成了审讯大堂

面对内外交困的局面，朱由检急于求治，他的急躁性格暴露无遗，甚至于将文华殿变成了审讯大堂。崇祯十六年（1643）五月，御史弹劾吏部文选司郎中吴昌时贪赃枉法，并且还勾结内阁首辅周延儒，泄露内阁票拟机密。这道上疏,激起了朱由检心中的怒火,他最恨的是大臣贪污和朋比为奸,如今,吴昌时占了两条。他如何不恼怒?七月二十五日,朱由检在文华殿召集府部院和科道言官,亲自审理吴昌时和周延儒朋比为奸之案。文华殿内,陈列着东厂和锦衣卫所用的各种刑具,朱由检身着肃服,一脸怒色。整个大殿弥漫着阴森恐怖的气氛。审讯开始后,朱由检首先诘问吴昌时通内之事。吴昌时拒不认罪,矢口否认交结内侍之事。朱由检又传弹劾吴昌时的御史蒋拱宸来对质,没有想到,吴昌时还是始终不承认,还理直气壮地说如果皇帝要治他的罪,他无话可说,但是如果是要屈打成招,他是断断不会承认的。朱由检大怒,命大刑伺候,阁臣蒋德璟和魏藻德连忙劝谏说:"大殿之上,没有用刑的先例,请陛下将他送到法司审讯。殿阶用刑,是三百年来未有之事。"朱由检愤愤地回道:"吴昌时这厮,也是三百年来未有之人!"他命令用刑,只听一声惨叫,吴昌时被夹板夹得疼晕了过去。直到将吴昌时两胫夹断,他实在受刑不过,才承认了罪行。朱由检下令将吴昌时斩首,内阁首辅周延儒被赐死。这出文华殿用刑的闹剧也终于结束了。

第十四章　明思宗朱由检

紫禁城中的后妃

朱由检即位于乱世，他励精图治，一心要振兴大明王朝，于女色之事，十分克制。皇后周氏，处事严谨，不苟言笑。周皇后作为后宫之主，看到天下局势糜烂，丈夫操劳国事，内心也十分焦虑。她在宫中厉行节俭，裁减不必要的费用，也不为自己家人请求恩典。即使过年过节，她也不讲排场，这种持家之道，让朱由检由衷地感觉到满意。周皇后还利用一切机会劝谏皇上。有一次，宫中演出过锦戏，当时中原大旱，民变频仍。周皇后命优伶扮成驱赶蝗虫和躲避盗贼的样子。朱由检看了不觉眉头紧锁，周皇后乘机问他："有这样的事情吗？"边说还边掩面哭泣。朱由检看到天下百姓如此困苦，也随之流下眼泪。除了皇后之外，朱由检还有袁妃和田妃两位嫔妃。他最宠爱的是田妃。田妃姿色出众，而且多才多艺，琴棋书画样样精通，还会骑马。田妃是江南女子，她将江南的风俗习惯带入了宫中，身上穿着都是江南制造。朱由检颇为喜欢，也效仿着穿起了江南衣鞋。

田妃在宫中特意建造一座别致的亭台，朱由检与她登亭赏月之时，顿时觉得浑身放松，疲倦一扫而光。周皇后对丈夫如此宠幸田妃也颇为不满。有一年元旦，天气严寒，田妃来朝见周皇后，周皇后故意让她在门外等候了很久才传唤进来。田妃知道皇后故意整治她，事后向朱由检告状。有一次，朱由检因为一点琐事在交泰殿与皇后争吵。朱由检一气之下，推倒了周皇后，周皇后十分气愤，以绝食相抗议。朱由检事后冷静下来，也很后悔，派出太监携带礼物给周皇后，还询问饮食起居情况。周皇后这才转怒为喜。周皇后为了缓和三人关系，也为了后宫和谐，主动做出了让步。有一次，周皇后陪同朱由检到永和门赏花，皇后请召田妃一起赏花，朱由检没有表态。于是，周皇后命备好车驾迎接田妃相见，三人尽释前嫌。

朱由检为国事操劳，日渐憔悴，崇祯十一年（1638）八月，灾异频繁，朱由检在永寿宫吃斋祈福，每餐仅以蔬菜充饥。周皇后见状不忍心，亲自烹饪，进献给丈夫。朱由检为皇后此举感动，刚拿起筷子，就一阵心酸，流下了热泪。田妃也为皇上担心，其父田弘遇打算将绝色歌伎陈圆圆进献给皇帝，以便于皇帝放松心情。没有想到，朱由检对妖媚动人的陈圆圆

第十四章　明思宗朱由检

毫不动心，将其归还给了田弘遇。

国破家亡，紫禁城最后的离别

崇祯十七年（1644），对于大明王朝来说，是一个不祥的年头。一开年，北京城内就怪事不断，西边的李自成正率领百万大军浩浩荡荡向着北京进军，一路上攻城拔寨，势不可挡。二月二十八日，朱由检诏天下各镇兵马入援京城，宁远总兵吴三桂所率领的关宁铁骑是明朝所剩为数不多的精锐部队。但是吴三桂援救京城，就等于将山海关拱手让给了清军。为此，大臣们极力反对。另一方面，南迁南京的想法，因为内阁大学士陈演的胆怯不敢担当，也被搁置了下来。这样一来，朱由检就只剩下困守京城这一条道路了。三月十六日，朱由检召见文武百官，商议对策，大家面面相觑，谁也拿不出一个合适的建议。朱由检面对此情此景，黯然泪下，群臣也跟着一起哭泣，一时间，哭声震动皇宫。朱由检用手指在御案上写下了一行字："文臣个个可杀。"

三月十七日，李自成的大顺军杀到北京城下。半夜时分，大顺军攻破广宁门，北京外城失陷。当天夜晚，朱由检在宫内仰天长号，绕着殿柱来回徘徊，他捶胸顿足，通宵叹息不止。十八日，大顺军围攻西直门、德胜门等北京各城门。面对危局，太监劝说皇帝投降，却被朱由检拔出宝剑刺死。朱由检将周皇后和袁妃叫到乾清宫，让左右进酒，他一口气饮下了几十杯，他知道这已经是最后的时光了。他不能让自己的后妃落入敌军之手而遭受侮辱，想到这里，他狠狠心，挥剑砍杀了袁妃。周皇后见状，返回坤宁宫，自缢而亡。随后，朱由检来到寿宁宫，长平公主拉着他的衣袖痛哭，朱由检悲叹道："你何苦生于帝王家！"说完，他挥剑砍下，出于求生的本能，长平公主伸手拦挡，结果右臂被砍断，当场晕倒在地。接着，朱由检又到了昭仁殿砍死了幼女昭仁公主。朱由检命太子朱慈烺换上便服逃亡到民间，并反复叮嘱他不要暴露自己皇家的身份。朱由检自己也换上便服，先到了朝阳门、安定门，却未能出城门。

十九日拂晓，北京内城落入大顺军之手。朱由检亲自在前殿鸣钟召集群臣，可是，钟声响彻大内，却没有一人前来。这时候，大顺军已经开始攻打皇宫了，宫女魏氏高声大喊："贼人进入大内，我等必然会

第十四章　明思宗朱由检

被侮辱，有志气的都做好打算吧！"说完，她纵声一跳，跳入金水河自杀，从死的宫女有两百多人。

朱由检与太监王承恩登上了煤山的寿皇亭，他已经做好了最后的打算。从寿皇亭上俯瞰皇宫，一片火海，大顺军已经杀入宫中，抢夺财物，杀害宫女宦官，昔日庄严肃穆的紫禁城，已经变成了人间地狱。朱由检掩面痛哭，他脱下了黄袍，在衣襟上写下："朕凉德藐躬，上干天咎，致逆贼直逼京师；然皆诸臣误朕。朕死无面目见祖宗，自去冠冕，以发覆面，任贼分裂；无伤百姓一人。"写完后，他以乱发盖脸，在寿皇亭旁一棵歪脖树上上吊自杀。王承恩也随他一起自缢身亡。明代紫禁城的最后一位主人就这样，与大明王朝一起，走入了历史的尘埃，留下无数浩叹给后人凭吊！

穿越过历史的烟云，我们仿佛看到了大明王朝在北京紫禁城居住的十四位皇帝跌宕起伏的治国历程和人生之旅。作为紫禁城的主人，这十四位帝王以他们独特的人生在紫禁城中刻下了自己的烙印并深刻影响了整个中国历史的走向。

我们看到了作为紫禁城第一位主人的明成祖永乐

天子之居

皇帝在此开基建宫。在朱棣二十二年的帝王生涯之中，他迁都北京、五征漠北、疏通运河、南征安南、修《永乐大典》、六次派遣郑和下西洋……这其中任何一件事情能做成都可以彪炳史册，而朱棣全部做到了。他的气度和政绩令人赞叹不已。可以这样说，没有朱棣的"永乐盛世"，也就没有接下来大明王朝长达二百多年的富庶稳定。明朝有两个庙号为"祖"的皇帝，除了开国之君明太祖朱元璋，对明朝贡献最大的莫过于明成祖朱棣！当然，朱棣也有诸如屠戮建文遗臣和他们的家属等一些暴行。加之，朱棣不够自信，按照封建史家评价，他一生始终离不开一个"篡"字。朱棣设置东厂，重新起用锦衣卫来加强统治，这些也往往为世人诟病。要之，朱棣是功大于过的一代明君，这个是没有异议的。

紫禁城的第二位主人是明仁宗洪熙皇帝朱高炽。朱高炽在位虽然不到一年，但是在明史乃至中国历史上却留下了浓墨重彩的一笔。他眷恋金陵帝王州南京，打算还都南京。若不是天不假年，也许明朝都城会再次从北京迁回南京。那样一来，整个明史乃至中国历史将被改写。朱高炽尽管在位短暂，但是他与民休戚，以仁政治天下，给了在兴作不断的永乐一朝生活过的天下黎民一段富庶安宁的难得岁月。庙号为"仁"，就是史官和文人士大夫们对于这位仁君最高的评价了。

　　紫禁城第三代主人是明宣宗宣德皇帝朱瞻基。其在位期间，明朝处于平稳发展时期，内外安宁。而朱瞻基为后人记住的是他的多才多艺。享受人生是朱瞻基的人生主旋律。他和他的父亲朱高炽在位时期尽管加起来只有十一年，但是依然以"仁宣之治"被后世所铭记怀念。

　　紫禁城第四位主人是命运多舛的明英宗正统皇帝朱祁镇。他还有一个复辟以后的年号"天顺"，拥有两个年号，在明朝皇帝中，他是唯一一个。朱祁镇在位期间，任用大太监王振来打压文官集团，这导致了朝廷争斗不断。不过，明英宗在位初期，仍然承父祖余荫，在三杨内阁辅佐之下，维持了和平稳定局面。一场"土木堡之变"改变了朱祁镇的人生，更改变了大明王朝的走向。史家多以此为明朝由盛转衰的分水岭。而朱祁镇接受教训，在夺门之变后再一次登上帝位，克勤克俭，并在临终之际，废除了野蛮的宫廷殉

天子之居

葬制度和赦免建文后裔。这两件事给他加分不少。但是，错杀明朝大功臣于谦，这是朱祁镇人生抹不去的污点。

紫禁城第五位主人明代宗景泰皇帝朱祁钰是朱祁镇的弟弟。他于危难之际登基，他重用于谦等人取得了北京保卫战的胜利。这一件事，就足以使他留名青史。但是"最是无情帝王家"，在皇位面前，他和朱祁镇争夺不断，一场夺门之变，也夺去了朱祁钰最后的希望。

紫禁城第六位主人是明宪宗成化皇帝朱见深。他幼年历经坎坷，登基之后，以清静无为治天下。明史也将他和他的儿子弘治皇帝在位时期称为"成弘之治"。武功方面，朱见深也取得了对女真和蒙古作战的胜利，对内平定了大藤峡瑶民起事。朱见深最为人诟病的是"传奉官"和他的贵妃万贞儿以及信用汪直等宦官。

紫禁城第七位主人是明孝宗弘治皇帝朱祐樘。这是一位符合儒家标准的好皇帝。克勤克俭，善待百姓和大臣。他在位的十八年也被称作"弘治中兴"，人才辈出，政局稳定，天下太平，是明史上最为人称赞

第十四章　明思宗朱由检

的一段岁月。只可惜，朱祐樘仅有一个儿子朱厚照，并且教子无方，以至于留下千古遗憾。

紫禁城的第八位主人是明武宗朱厚照。这是一个"顽主"皇帝。他是后世皇帝心目中的反面教材。他在位十六年以荒唐无度而闻名。他爱好打猎打仗，他想做"大将军"，他四处巡游。小小的紫禁城已经无法安放他不安的心，他修建豹房，南巡南京。他是文人士大夫眼中的另类皇帝，但是文人们仿佛忘记了这位正德皇帝除了四处巡幸之外，还亲自带兵与彪悍的蒙古小王子作战，取得了应州大捷的胜利。总之，这是一个复杂多面，看起来更真实的有趣皇帝。

紫禁城的第九位主人是明世宗嘉靖皇帝朱厚熜。这位皇帝"神龙见首不见尾"，人称道教皇帝。朱厚熜对道教的信奉达到了走火入魔的程度。尽管他即位之初兴起"大礼议"稳固了自己的皇位，还通过一场"嘉靖革新"改变了大明王朝的部分积弊。但是信奉道教以及信用严嵩，又使得这位二十多年不上朝的皇帝为天下人所非议。海瑞一骂，使得嘉靖皇帝名声扫地。总之，嘉靖帝在位时期，也是明朝走向衰亡的关键时刻。

天子之居

紫禁城第十位主人是明穆宗隆庆皇帝朱载坖。这位天子知名度极低。不过，他短暂的六年帝王生涯中却做出了令人赞叹的两件大事——俺答封贡与隆庆开关。这在明史上有着重要意义。加之，隆庆皇帝的内阁大臣人才济济，这也为后来的万历新政奠定了坚实基础。

紫禁城第十一位主人是明神宗万历皇帝朱翊钧。他在位四十八年，为历代明朝皇帝之最。朱翊钧在位前十年，在张居正辅佐之下，开创了万历新政改革，甚至有人称之为"万历盛世"。在朱翊钧统治中后期，他开始渐渐走向了自己的反面。尤其是与反对他废长立幼的大臣们斗气，长期不上朝，导致了缺官不补。万历皇帝长期怠政给明帝国造成了不可逆转的伤害。加之，万历一朝党争严重，外患迭起，尽管打赢了万历三大征，但是万历一朝已然是积重难返。

紫禁城第十二位主人是明光宗泰昌皇帝朱常洛。他在位仅仅有一个月，也被称作"一月天子"。未及有大作为，朱常洛就死于神秘的红丸案。

紫禁城第十三位主人是明熹宗天启皇帝朱由校。他的荒唐程度不次于朱厚照。爱好木匠活的他荒废朝政，导致大权旁落于大太监魏忠贤，而魏忠贤对于东

第十四章　明思宗朱由检

林党的大规模迫害也进一步加剧了朝政的动荡不安。

紫禁城第十四位也是最后一代主人是明思宗崇祯皇帝朱由检。这位天子可称明朝的苦命天子。有恢复中兴之志，但是力不从心，加之政策失误，导致内忧外患进一步严重。在李自成、张献忠起义军和女真侵扰之下，明朝最终灭亡。而朱由检也被迫在煤山自缢，紫禁城也换了主人，进入大清王朝的轮回之中。

参考书目

1.［明］谈迁著，张宗祥校点：《国榷》，中华书局1958年版。

2.［清］查继佐撰，倪志云、刘天路点校：《明书》（《罪惟录》），齐鲁书社2014年版。

3.［明］沈德符：《万历野获编》，中华书局1959年版。

4.赵中男：《宣德皇帝大传》，辽宁教育出版社1994年版。

5.郭厚安：《弘治皇帝大传》，辽宁教育出版社1994年版。

6.李洵：《正德皇帝大传》，辽宁教育出版社1993年版。

7.林延清:《嘉靖皇帝大传》,辽宁教育出版社1994年版。

8.曹国庆:《万历皇帝大传》,辽宁教育出版社1994年版。

9.林金树、高寿仙:《天启皇帝大传》,辽宁教育出版社1993年版。

10.张德信、谭天星:《崇祯皇帝大传》,辽宁教育出版社1993年版。

11.徐凯:《泰昌帝·天启帝》,吉林文史出版社1996年版。

12.赵中男等:《明代宫廷政治史》,故宫出版社2015年版。

13.赵中男:《明朝的拐点:永乐皇帝和他的子孙》,中华书局2015年版。

14.王天有主编:《明朝十六帝》,紫禁城出版社2010年版。

15.张晓虎主编:《明宫十六帝传奇》,辽宁人民出版社1995年版。

16.万依主编:《故宫辞典》(增订本),故宫出版社2016年版。